島田紳助の
すべらない沖縄旅行ガイドブック

はじめに

誰と、どんな気持ちで沖縄に行くか？

僕がいままで沖縄に行った回数は80回以上。芸能界一の沖縄通だと自任している。

テレビで沖縄の話をするから、周りからよく「沖縄に行くならどこがいいですか？」と聞かれる。

でも、それに答えるのは非常に難しい。なぜなら、「誰と、どんな気持ちで行くか」によって、どこを案内すればいいかがまったく異なるからである。例えば、カップルで行く場合、つきあって1年以内なのかそれ以上なのか、二人で行く初めての旅行なのかそうじゃないのかによって、行くべき場所は全然違う。男同士や一人旅で行くときもこれまた違う。一口に沖縄といっても、実にいろんな場所があるのだ。

初めての土地に旅に出るのに一番いいのは、その土地のことをよく知っている人に何でも聞くこと。どこに行ってどこで食べたらいいか、どこに泊まったらいいか。ガイドブックを信じていろんなところに行っても、有名な店の料理がひどくマズかったり、愛想が悪かったり、泊まったホテルや民宿がひどいところだったりで、すべることが本当に多い。

沖縄旅行に行くとき、誰もがいろいろなガイドブックを持っていく。シーズンになると書店に何十冊も並ぶが、どれをみても同じようで、何を伝えたいのかがよくわからないものばかりでしょ。

たとえていうなら、ガイドブックは下手なゴルフレッスンのプロみたいなもの。技術をたくさん知っているから何でも教えてくれるけど、残念なことに、喋りがプロではないからどれが重要なことかが伝わらない。ポイントをたくさん並べて教えてくれても、どれが一番大切でどれがその次くらいで……といった大切さの度合いがわからないのである。

逆に、僕らのような喋りのプロは、大切さの度合いが１００だったら一生懸命に伝えるし、90ならその次くらい、50ならそれなりに伝えるように工夫する。メリハリをつけて相手に効果的に伝わるように考えて喋るからだ。残念ながら下手なゴルフレッスンのプロは、こういうテクニックを持っていない。

ガイドブックの欠点もまさにそこで、なんでもやたらと店を載せて（場合によってはタイアップして）、その店に行ってみたらメチャクチャマズかったりする。よい店もよくない店も同じようにしか伝えないので、どこに行けばいいのかさっぱりわからない。

よい旅とは人それぞれだ。情報の洪水のようなガイドブックをもとに自分でそんな旅を作り上げるのも楽しいかもしれないが、やはり水先案内人がいたほうがいいだろう。

この本の内容は、沖縄渡航80回以上を誇る、僕、島田紳助と沖縄好きの仲間たちとの独断と偏見で構成されている。僕自身の経験と主観で沖縄のいいところを選んで「こういうふうに沖縄を楽しんでもらいたい」と提案しています。

黒島の仲本海岸。缶コーヒー1本持って行くと最高のカフェ。

それもただ知っていることを並べたのではなく、「誰と、どんな気持ちで行くか」ということを大事にして書いた。こんなガイドブックは他に一冊もないだろう。

その意味で、沖縄を案内する最強のガイド本であると思っている。ここに書いてあることを実践すれば、絶対すべらない旅ができることを、僕が保証する。

まだ沖縄に行ったことがない人、これから沖縄に行こうとしている人、それから、一度沖縄に行ってすべってしまった人たちにこの本を読んでもらって、ぜひとも沖縄を好きになってもらいたい。

島田紳助の
すべらない沖縄旅行ガイドブック

目次

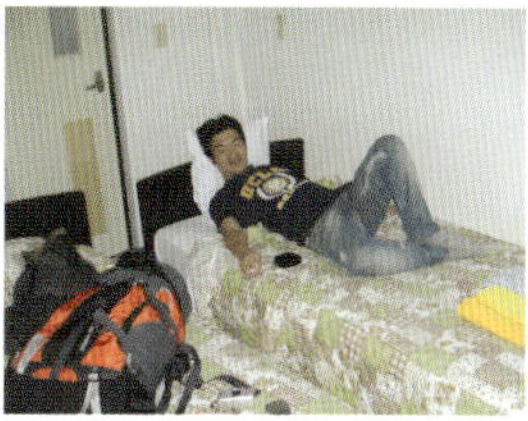

基礎知識
1

沖縄とは

一口に沖縄といっても、沖縄県の端から端まではざっと600キロある。東京ー大阪間より長い。その間にある島が大小160。その中で人が住んでいる島だけで48もある。

よく、「石垣島は沖縄本島から船で行けますか?」と聞いてくる人がいるが、石垣島は沖縄本島から500キロ、東京ー京都間くらいある。

まず、沖縄の全体像について簡単に説明しよう。

沖縄は大きく、沖縄本島、宮古諸島、八重《やえ》山《やま》諸島に分かれる。沖縄本島から宮古諸島までは350キロ、八重山諸島までは500キロ離れている。これだけ離れていると、当然、人も文化もまったく異なってくる。

まず沖縄本島は、那覇市や沖縄市がある沖縄で一番大きい島である。本島には、国際通りがある那覇周辺、東シナ海を望むリゾート

ホテルが並ぶ西海岸、第二次世界大戦の戦跡が残る沖縄南部などがある。

そして本島周辺の離島には、プロ野球の楽天がキャンプをする久米島《くめじま》やダイビングで有名な慶良間諸島《けらましょとう》などがある。

本島から350キロ南に下がったところが宮古諸島である。宮古島を中心に、橋で結ばれた来間島《くりまじま》と池間島《いけまじま》、さらに伊良部島《いらぶじま》、多《た》良間島《らまじま》など8つの島からなる。

そして石垣島を中心とする八重山諸島。石垣島以外では、日本の秘境・西表島《いりおもてじま》、ドラマ「ちゅらさん」で有名になった小浜島《こはまじま》、日本最南端の有人島・波照間島《はてるまじま》、最西端の与那国《よなぐに》島《じま》など10の離島がある。それら各島々に向けて、石垣島の離島桟橋から船が出ている。

このように、たくさんの島があり、それぞれが強烈な個性を持っているのが沖縄なのだ。

鹿児島県
屋久島
奄美大島
東シナ海
硫黄鳥島
徳之島
伊平屋島
与論島
伊是名島
鳥島
粟国島
渡名喜島
久米島
沖縄本島
渡嘉敷島
久場島
魚釣島
太平洋
沖縄県
宮古島
多良間島
宮古諸島
与那国島
鳩間島
西表島
石垣島
波照間島
八重山諸島

基礎知識
2

行くなら、季節は夏以外にない！

初めて沖縄に行くのはいつがいいか？

もちろん夏。絶対に夏がいい。

でも、具体的にはいつ頃がいいのか？

お教えしましょう。

沖縄の海開きは、本土よりもずいぶん早い3月。そして、11月まで泳げる、ということになっている。しかし、ここに誤解が生じてしまう。泳げることにはなっているが、イコール夏ということではない。「海開き」と「泳げる」はまったく違う。

たとえば、5月のゴールデンウィークに行ったとしよう。その頃の沖縄は気温も高くて、まるで夏みたいだが、海に入ると水がメチャクチャ冷たくて跳び上がってしまう。

泳げるかもしれないが、それは「ガマンすれば」という前提がつく話だ。

では、沖縄の夏はいったいいつなのか？

ゴールデンウィークが終わった5月10日頃から沖縄は梅雨入りする。

そして、例年では6月の20～23日頃に梅雨明けし、そこから本格的に沖縄の夏が始まる。この梅雨明けから9月いっぱいまでが本当の沖縄の夏なのです。

当然、夏は沖縄旅行のハイシーズンであるから、それ以前と比べて旅行代金が跳ね上がる。特に夏休みに入る7月中旬過ぎには、とんでもない値段になっている。

そこで、私がこっそり教えたいのは「季節の穴場を狙《ねら》え」ということ。

いいですか、梅雨が明けた6月の終わりから夏休みに入る前の7月10日くらいまでが穴場なのです。

この期間は、本物の夏を感じることができて、旅行代金が安いというまさにスペシャルシーズンなんです。

ここで初めて沖縄に行くという人に注意しておきます。料金が安いからといって絶対にオフシーズンに行かないで下さい。春や秋、ましてや冬なんてもってのほか！

絶対にダメ！　なぜなら、沖縄がキライになる可能性があるからです。12月から2月の間に行ったとしましょう。すると、空港から出た瞬間「ここは日本海か！」と思うくらいの曇天に驚かされます。「青い海　青い空　白い砂浜……」といった沖縄の良いイメージが音を立てて崩れ去ります。おまけに、民宿に泊まると異様に寒い。

沖縄には暖房設備があまり揃っていないから余計に寒く感じてしまう。この時期に旅行をしたら好きになるものもなれなくなってしまいます。

カヌチャベイホテル＆ヴィラズ４日間ツアー／２名１室利用料金例

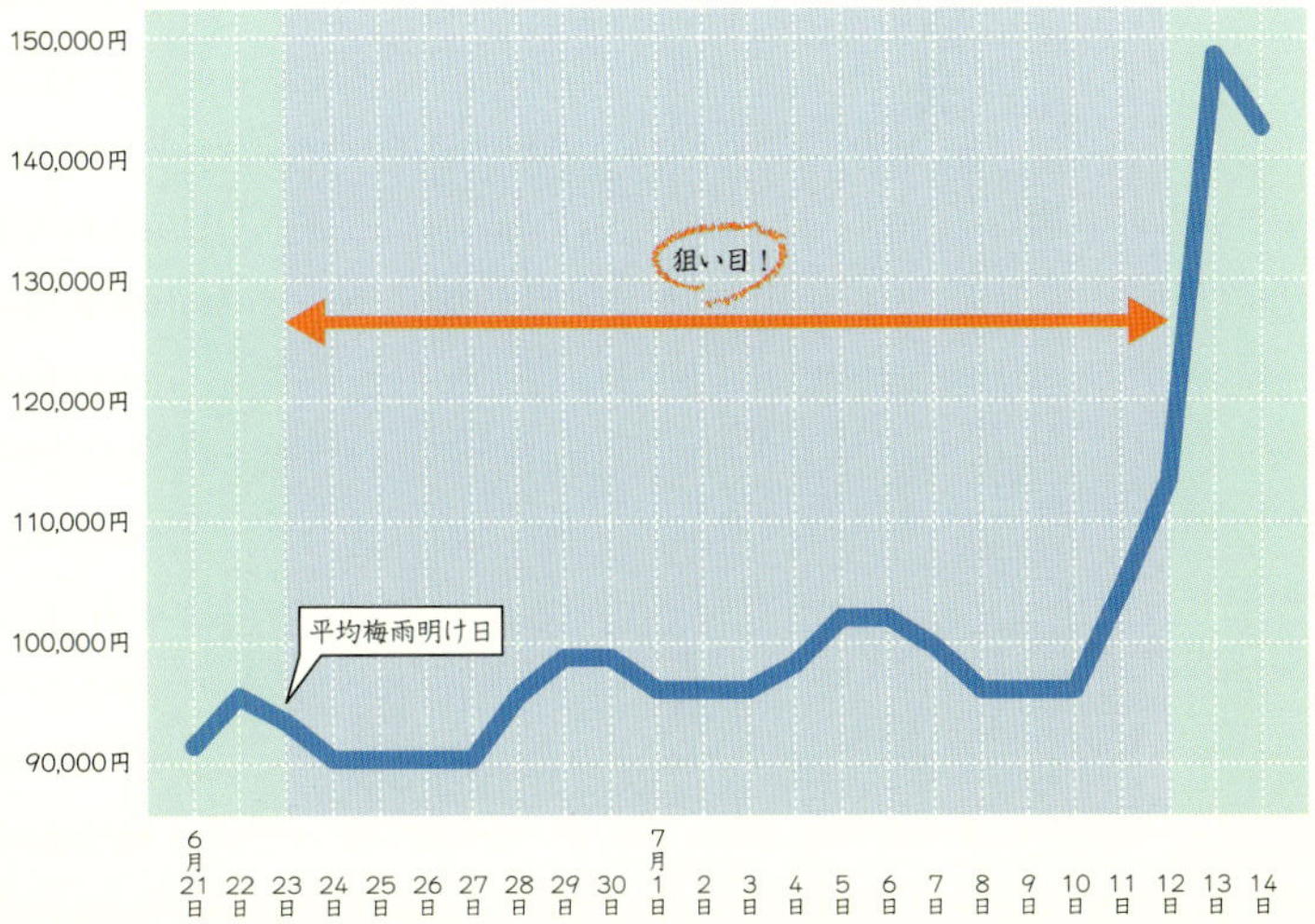

基礎知識 3

日程は、できれば3泊4日で行け！

旅行は長いほうが楽しいが、沖縄への旅行もできれば3泊4日はしてほしい。

なぜ3泊4日なのか？ 簡単にシミュレーションしてみよう。

まずは1日目。空港までの時間、飛行機に乗っている時間、空港から港や宿泊先へ……。出発日でもあるこの日は、どうしたってバタバタするものだ。だから初日は、都会の日常の時間から沖縄の時間にリズムを徐々に切り替えていく、ということを考えたほうがいい。

だからこうした初日は身体《からだ》を沖縄になじませることを念頭に置こう。僕は沖縄に着いたらまず、どの島でも沖縄そばやゴーヤチャンプルを食べることにしている。たいして好きでもないのだが、それらを食べることによって、「ああ、沖縄に来たなあ！」と実感して、気分を切り替えていくのである。

本格的に旅行が始まるのが2日目。身体もリズムも沖縄になじんで、気分はすっかり島人。そして一番楽しいのも2日目の夜だと思う。

どうして3泊4日がいいかというと、

「こんな楽しい日が明日もある！ 明日は何しよう」

と2日目の夜もウキウキできるからだ。

これが2泊3日で行った場合はどうだろう？ その場合の2日目の夜は、「明日帰らないといけない」と、急に切なくなり、少し慌ただしくなってしまう。

だから、少し無理をしてでも3泊4日の旅行をプランニングしてほしい。楽しくてしょうがない2日目の夜を過ごすのが、案外と旅行のキーポイントになるからである。

基礎知識
4

沖縄には
これを持っていけ!

沖縄に行くときに大事なのは、旅の演出のための入念な準備である。

女の子と沖縄に行くから、一番いいホテルに泊まることにした。だが、そのとき、何の準備もしないで行ったらどうなるか。

最初はゴージャスな部屋に驚いたりして楽しいだろうが、すぐに退屈になる。会話もなくなる。だからテレビを点ける。そこはいつもと同じような番組。せっかく日常とは違う場所に来ているのに、これでは旅が台無しである。

ここは窓の外にコバルトブルーの海が広がる沖縄なのです。ロマンチックなホテルの空間を目一杯楽しむべきなのです。そのためのアイテムをいくつか紹介しましょう。

まず必要なのが、音楽。沖縄のホテルは豪華な設備が売りなのに、なぜか音楽がない場

合が多い。部屋に流れるのは、テレビやラジオの音声でなく、やはり心地よい音楽が一番。そこで持っていくべきものは、スピーカー付きのポータブルCDプレーヤー。iPodなどのデジタルオーディオプレーヤーならもっとコンパクトになる。

それで静かな気持ちのいいBGMを部屋に流すと、何もないときと部屋の雰囲気がまったく変わる。そのとき流れていた曲が、不思議にずっと後になって思い出の曲になったりすることもある。

旅に音楽は重要なアイテムなのである。

そして、僕が特に推薦するのが、画材道具である。

沖縄で静かに過ごすには、絵を描くのが一番オススメである。沖縄の時間の流れが、絵を描くリズムにピッタリ合っているからだと思う。

想像してみてほしい。あなたが泊まっている南の島のホテル。午後のおだやかな時間の中、スピーカーから小さく聴こえる三線《さんしん》の音。彼女はベッドでうとうとしている。あなたはその横で、一人静かに、拾ってきた貝殻に絵を描いている……おだやかな気持ちになりませんか？

　だから、3泊4日の短い旅でも、ぜひとも画材を持っていくべきなのです。

　画材店に行って、アクリル絵の具と紙パレット、筆、そしてハガキサイズの用紙を買って下さい。なぜハガキサイズかというと、旅先では絵手紙を描くのがオススメだからである。絵を描くのも、人に送るという目的があると、俄然楽しくなる。絵手紙用のポストカードという商品もあるので、それがいいだろう。

　アクリル絵の具には2種類あるが、どちらも上から重ねて塗れる。また、紙だけでなく、

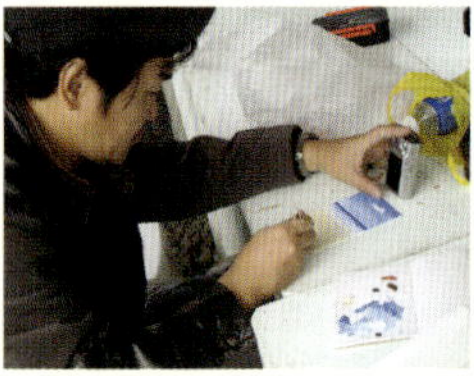

沖縄にはこれを持っていけ!

海で拾った貝殻やガラスのビンに絵を描くこともできるから、トップコートも持っていこう。トップコートとは、マニキュアの上から塗って変色を防ぐコート剤と同じもので、アクリル絵の具で描いた上からそれを塗れば、色がはがれない。

　絵の具はセットのものよりも、最低限必要な色プラス、沖縄に必要な色を買い足して持っていくほうが効率的だと思う。沖縄の海や空の色であるブルーやグリーンは多種多様。たとえば同じブルーでも、アクアブルー、セルリアンブルー、コバルトブルー、マリンブルーなどを揃えていこう。グリーンもカドミウムグリーン、オリエンタルグリーン、コンポーズグリーンなど、沖縄を表現するにはいろいろな種類の青や緑が必要なのである。逆に暗色系はあまり必要ないだろう。

上下ともに1時間くらいかけて描き上げた絵手紙。

貝殻に絵を描くとこんな感じ。貝殻やガラスに描くときは必ず先にトップコートを塗り、乾いてから絵を描くように！　描き終わったらまたその上からトップコート。

最後のオススメがデジカメ。南の島で写真を撮るのは、絵を描くのと同じくらい楽しい。僕は沖縄に行くとき700万画素のデジタルカメラに2GBのメモリーカードを入れている。一回の旅で500枚くらい撮るからだ。

沖縄には海の生き物や変わった植物など、絵になる被写体がいくらでもある。彼女と一台ずつ持って行って、夜、ホテルの部屋で見せ合うのも楽しい。昼間に撮ったデジカメの画像を見ながら絵手紙を描いて夜を過ごすって素敵じゃないですか?

沖縄の海を撮るにはちょっとしたコツがいる。

なぜなら、海の写真は普通に撮ったらどこでも一緒で、大きさや美しさがわかるようにうまく切り取ってやらないと、後で見てつまらない写真になってしまうのである。

沖縄にはこれを持っていけ!

そこで簡単な裏ワザを紹介しよう。僕は小道具としてビー玉や風船、麦わら帽子を持っていっている。そんな小道具でちょっと工夫すれば、海がびっくりするほどうまく撮れる。

試しに、ビー玉を海岸に置いて、低い位置からビー玉ごしに海を撮ってみよう。グリーンの海と白い砂に原色のビー玉だけで、パネルにして飾りたいくらいの写真が撮れてしまう。麦わら帽子は、そのあたりにいる子供にかぶってもらったり、木の枝に掛けてみる。そんなちょっとした工夫をすると、おもしろい写真がたくさん撮れるものです。

沖縄の海岸には、きれいな空きビンやサンゴ、ヤドカリなど、いくらでも被写体が転がっているのです。

ではここで僕がデジカメで撮影してきた写真の中から、数点をご紹介しましょう。

宮古島東急リゾートにて。花を浮かせた花瓶を左手に持ってテラスで海を撮ったら、ちょっといい感じ。紳助カメラマンやるでしょ。

宮古島·前浜にて。最近、一番のお気に入りの1ショット。コツはたくさん撮ること！

水納島にて。デジカメの欠点は太陽光が強すぎて液晶画面に映っている画像が見えないこと。いっぱい撮ってホテルで夜にチェックです。

池間島にて。

水納島にて。流木の上に貝を並べてロマンチックに。

＜注意＞
写真を撮るのに夢中になって草むらにゴム草履で入ったり石垣にもたれてはいけません。
ハブに噛まれる危険があります。

持ち物チェック表

旅先で困らないように、荷造りの際にチェック!

□ 着替え(暑い所用)

□ 洗面具

□ 汗拭きタオル

□ 水着

□ ビーチサンダル

□ 携帯電話の充電器

□ 薬　※常備薬　腹痛　頭痛

□ 保険証コピー　※万が一の時用

□ サンオイル＆日焼け止め

□ 免許証

□ カメラ　※『写ルンです』よりデジカメがオススメ！

□ カメラバッテリー充電器

□ バスタオル　※泳ぐ方はお忘れなく！

□ 帽子・サングラス　※熱射病対策！

□ ガイドブック

□ 財布

□ 虫さされのかゆみ止め

□ ワクワク感

<注意事項>
※かなりの紫外線が予想されます。帽子・サングラスはあったほうがいいでしょう。
※太陽に当たりすぎて頭が痛くなったり、気分が悪くなった時は、絶対にガマンせず水分を取ってクールダウンして下さい。
※運転する方へ…沖縄は交通量がかなり少ないため、ついついスピードが出てしまいます。事故には、くれぐれも注意して下さい!　飲酒運転は厳禁です!

沖縄本島 3泊4日の旅

沖縄本島はホテルさえ外さなければすべることはないので安心。
観光地はやたらと多いが、それに惑わされず、
絞り込んだポイントをゆっくり楽しむのがコツ。

1日目

［午前］各空港発

［午後］那覇空港着・空港内の郵便局に立ち寄って「ふるさと切手」を買う

昼食は沖縄そば店へ行って、身体を沖縄になじませる

国道58号線を北上、ホテルへ向かう

ホテル着
ホテル泊

2日目

［午前］朝食後、朝の海岸を散歩

［午後］部屋でゆっくり過ごす

気が向けば沖縄美ら海水族館へ行っても良い

ホテル泊

3日目

［午前］朝食後、ビーチかプールでゆったりと二人きりの時間を味わう

［午後］部屋に戻り、絵手紙を描く。初日に買った沖縄の切手を貼ってポストへ投函

［夕方］最後の夜を静かに過ごす

ホテル泊

4日目

［午前］朝食後、飛行機までの時間があったら、那覇の国際通りで土産を買ったりして時間を潰す。夕方の便なら首里城に立ち寄ってもいい

那覇空港発、各空港着

沖縄本島

リゾートホテルとアミューズメントを沖縄の海とともに楽しむ

沖縄本島は、県庁所在地の那覇市があり、沖縄で一番大きな島である。

初めて沖縄に行くのなら、まずは本島に行くべきだ。

昔の沖縄本島は本土と異なる不思議な島だった。店に入っても注文したものは出てこない、来るのが異常に遅い、クレームをつけても何も悪びれず、言ってもムダ。タクシーに乗っても行き先がうまく伝わらず、まともに目的地に着くほうが珍しいという、まったく不思議な島だったのだ。

その当時、夜の国際通りなどは南国の熱気にあふれ、一晩中ガヤガヤしていた。ここは日本とはいえど、「異国の島のようだ」と実感したものだ。

しかし、最近の沖縄本島は大丈夫！ 次々と大型ホテルや観光地ができてきて、サービスもそこそこ行き届くようになり、店やタクシーでトラブルることはなくなった。国際通りも修学旅行向けのショップが増え、まるで原宿みたいになった。

そのぶん〝沖縄らしさ〟がなくなって、僕などにはちょっと味気なくなったともいえるが、誰もが普通に安心して行けるリゾート地になったのだ。

だから、いまの沖縄本島は、ホテルやアミューズメントやテーマパーク、レストランやオープンカフェ、大型ショッピングモールなど、リゾート地に必要なインフラが揃っていて、なおかつ、沖縄独特の青い空やエメラルドグリーンの海などの自然も味わえるという、一挙両得の、非常に便利な一大観光地となったのである。

沖縄本島に旅行するコツは、女の子と行くならともかくお金をかけることだ。たとえば、いかにいいホテルに泊まるか。できれば部屋のグレードも高いほうがいい。だからここでは、僕がオススメする一番いいホテルを選んだ。

また、この島にはせっかくいいアミューズメントがあるのだから、それを楽しまない手はない。世界一の水槽を誇る沖縄美《ちゅ》ら海《うみ》水族館や、アメリカンテイストをテーマに開発されたアメリカンビレッジなど、こちらも女の子と楽しめるアミューズメントを厳選した。

※沖縄本島へのアクセス
国内各空港より2時間～3時間弱で那覇空港着。

那覇空港からはレンタカーの利用が便利。送迎が必ずついている。他に、タクシー、モノレール、バスなど。

A カヌチャベイホテル＆ヴィラズ
所在地：名護市安部156-2
電話：0980-55-8880　アクセス：那覇空港から車で90分（沖縄自動車道利用・許田ICから30分）

B ザ・ブセナテラス
所在地：名護市喜瀬1808
電話：0980-51-1333　アクセス：那覇空港から車で75分（沖縄自動車道利用・許田ICから5分）

C 沖縄美ら海水族館
所在地：国頭郡本部町字石川424
電話：0980-48-3748　営業時間：8:30 ～ 18:30（夏季は20:00）
定休日：12月第1水曜・その翌日
料金：1800円／大人（※道の駅、コンビニなどにて割引券あり）

D 北谷町アメリカンビレッジ
所在地：中頭郡北谷町字美浜
アクセス：那覇空港から国道58号線を車で北上、約40分

国道58号線

エメラルドグリーンの海を横に見ながら車で北上せよ

沖縄の初心者が最初に行くべきところは、国道58号線である。

僕が沖縄にハマッたのも58号線からだった。初めて沖縄に来て、西海岸沿いの58号線を車で北に走っていたら、突然、まっすぐ伸びた下り坂の向こうに、エメラルドグリーンの海が見えたのである。

その海が視界いっぱいに広がったとき、「すごいなあ！　こんな景色が日本にあったんだ！」と感動で胸がいっぱいになった。それまでの人生で見た中で、このときの海の景色くらいインパクトがあったものはない。

だから、沖縄の初心者はまずは58号線を走ってほしい。西海岸のリゾートホテルへは、高速道路を使うと1時間であっという間だが、あえて58号線をゆっくりとドライブして「沖縄に来たこと」を感じてほしい。

スタートは空港近くのレンタカー店。そこから北上して、まずは浦添と北谷《ちゃたん》にある『Big Dip』で、ブルーシールアイスクリームを買おう。ブルーシールアイスクリームは、アメリカ生まれの沖縄にしかないアイスで、昔は米軍基地内でしか買えなかった。紅イモやサトウキビアイスなどがあり、店に入ってアイスを選ぶだけでもう沖縄モード。

58号線は、通る町ごとに風景が変わっておもしろい。日常から非日常の空間に行くには最高のドライブとなる。

道路沿いには、ヤシの木があったり、米軍基地のフェンスがあったりで、いやが上にも沖縄に来たことを実感する。

やがて恩納村に入ると、エメラルドグリーンの海が助手席側の窓に広がる。その瞬間、気分が完全に開放されるのは間違いない。

沖縄美《ちゅ》ら海《うみ》水族館

世界一美しい魚の群れと夕日を彼女とともに

世界一の大きさを誇るアクリルパネルの水槽の美しさに、続々とリピーターが押し寄せるのが沖縄美ら海水族館である。

ここでは、マンタやジンベエザメや色とりどりの熱帯魚など、ものすごい魚の群れが一望できる。あまりの美しさに、誰もが驚くばかり。巨大水槽の前で30分は感動できます。僕たち人間は昔、海から来たんだと本気で思います。

写真：海洋博公園（沖縄美ら海水族館）

他にも、サンゴ礁とそこに生息する生き物が一望できる水槽も見もの。水族館を出るとイルカショーもやっている。

行く時間としては、午後遅くがオススメだ。ひとしきり水族館でボーッとしてから外に出ると、ちょうど海に夕日が射している時間になる。魚の群れという暗く幻想的な光景を見たあとに見る夕日の光は、ちょっと眩しくて美しい。

彼女と一緒に夕日を見るには最高のロケーションなのである。

北谷《ちゃたん》町アメリカンビレッジ

たまには賑やかな夕暮れのアメリカンビレッジもいい

那覇から車で40分くらい北上したところにある北谷町は、米軍基地に囲まれた町である。ここは十数年前には何もなかったが、基地の一部返還と埋め立てを機に、アメリカの雰囲気を前面に押し出したテーマパークを作ることになった。それがアメリカンビレッジである。

アメリカンビレッジには、観覧車、映画館、ライブハウス、野球場、そして数々のショップやレストラン、カフェが集まっている。まさに遊びの町で、地元の利用客が多くて賑やかである。他に、基地関係のアメリカ人客も多く、まさに沖縄らしいアメリカンなのだ。男同士ならここでナンパかなあ！

沖縄そばの店

まずは沖縄そばで身体を沖縄モードに

　僕は沖縄に着いたら、まず最初にソーキそばやゴーヤチャンプルを食べることにしている。身体を沖縄になじませるためだ。沖縄そばの店はあちこちにいっぱいある。もちろん中にはハズレの店も多い。沖縄に来ていきなりイヤな思いをしないために、ここで当たりの店を紹介しておきます。

　那覇空港から車で10分もかからないところにあるのがいまイチオシの『亀かめそば』。ここの「軟骨そば」は超オススメ（中央写真）。肉のうまさと柔らかい軟骨の食感は絶品！　しかも値段も一杯500円と安い。観光客が少ない穴場の店。

　那覇と浦添市の境界にある『歓会門』。ここでは「てびちそば」を注文してほしい。すると、そばの上にてびちが3本、つまり豚足が3本、積まれている！　店に行く際は、カメラの準備を忘れずに。

　そしてもう一軒、名護まで足を伸ばせば『我部祖河《かぶそか》食堂名護店』がある。沖縄そばやチャンプルなどの定食がおいしくてオススメ。ここのそば類には「小」と「大」があり、店員さんに聞くと「小は少ないですよ」と言うが、「小」で充分満腹になる量です。

【亀かめそば】
所在地　那覇市西2の21の16
電話　098(869)5253
営業時間　10時30分～売り切れ次第終了
定休日　日
MAP▼P.116-❶

【歓会門】
所在地　那覇市銘苅211の1
電話　098(862)1712
営業時間　11時～20時
定休日　なし
MAP▼P.116-❷

【我部祖河食堂　名護店】
所在地　名護市字為又15
電話　0980(52)3081
営業時間　10時～20時
定休日　不定休
MAP▼P.116-❸

東京・大阪で食べると、同じものでもおいしくない。
そう、沖縄の空気が隠し味になってるのです。

カフェ沖縄式

オリジナルメニューにこだわる沖縄の隠れ家カフェ

沖縄にカフェは多いが、ここはオリジナルメニューにこだわっている。

店の看板メニューでもある「ぶくぶく珈琲」は是非飲んでほしい。

沖縄の伝統的なお茶「ぶくぶく茶」をアレンジしたもので、器に入った珈琲はすべて泡。珈琲を飲むというより泡を食べるといった感じ。これがめちゃくちゃうまい。

他にも焙煎するときに泡盛を振りかけた「泡盛焙煎珈琲」や「苦瓜《ゴーヤー》珈琲」など変わった珈琲ばかり。食べ物でオススメは泡盛の古酒《クースー》を混ぜて作った「古酒カレー」。本格的なエスニック風カレーで、食べるごとに体が熱くなるので汗だくになって召し上がれ。

【カフェ沖縄式】
所在地　那覇市久米2の31の11
電話　098(860)6700
営業時間　11時～22時30分
(ライブ時は23時まで)
定休日　なし

MAP▼P.116-❹

沖縄の大衆食堂

安くて量が多い大衆食堂の極めつけはここ!

沖縄の大衆食堂は、ともかく量が多い!

那覇埠頭の中にある『波布《はぶ》食堂』は、その代表的な店。港で働く人向けなのか、どのメニューも大盛り。中でも一番のオススメは「肉そば」。出てきた瞬間爆笑です!

肉そば650円

チャーハン550円

丼の上にもう一つ丼をかぶせたくらい野菜炒めが山盛りになっていて、麺に辿り着くまでに間違いなく腹いっぱいになるでしょう。

それでも物足りなくてライスが欲しくなったら、「チャーハン」を注文してみよう!一家四人で食べても余りそうな米の山が登場します。でも、決して嫌がらせではありませんのでご安心を。

【波布食堂】
所在地　那覇市通堂町4の22
電話　098(861)8343
営業時間　11時～18時
定休日　日祝

MAP▼P.116-❶

リゾートホテルの近くで食事をするなら

ホテルに近い名護の町での食事なら……

恩納村辺りのリゾートホテルに泊まると、基本はホテルで食事をすることになる。

ただ、当たり前だがホテルのレストランは値段が高い！　1泊ならそれでもいいが、2泊、3泊となると結構つらい。そういうときは、少し北に車を走らせ名護の町に行くことをオススメする。

まずは『新風料理　風《かじ》』。オリオンビール工場のすぐ近くにあるこのお店はプロゴルファーの宮里聖志選手に連れて行ってもらった。そのときは、たまたまアメリカから帰ってきていた妹の宮里藍選手も一緒に来てくれて、3時間半いろんな話をしてステキな時間を送ることができた。

落ち着いた雰囲気の店内には4～14人用まで大小の個室を完備。どの料理もおいしく、特に〝しゃぶしゃぶ中毒〟（略してシャブ中）の僕は「やんばる島豚のハリハリ風しゃぶ鍋」がオススメ！　牛肉の鉄板焼きも最高！

『創食家　縁』は沖縄の島豚や近海魚などの素材を活かしたオシャレな創作料理屋。このお店のテラスからは、まっすぐに伸びる水平線に沈む夕日を見ることができる。ロケーションは抜群。ここは男同士で行かないほうがいい。悲しくなるからだ。

58号線沿いにある沖縄そばと沖縄料理の店『美ら花』は、沖縄料理初心者にぜひ行ってほしい。間違いなく沖縄料理が好きになると思う。全メ

ニュー、ボリュームがあって値段も安い。そばもおいしいが、ジューシー（まぜごはん）がオススメ。

『ヤンバル食堂』は毎日行っても飽きないくらい好きな店。2日続けて行ったこともある。この店は自分の好きなおかずを一品一品選べる一膳飯屋で、ちょっと欲張って取りすぎたかなと思っても800円くらいと安いのが嬉しい。でも、彼女と初めての旅行中に行くのは避けたほうがベターです。

【新風料理　風《かじ》】
所在地　名護市大東2の22の28
電話　0980(53)5490
営業時間　11時30分～14時　17時～翌1時
定休日　ランチのみ土日祝、ディナーは無休
MAP▶P.117-7

【創食家　縁】
所在地　名護市東江5の19の15
電話　0980(54)5655
営業時間　11時30分～16時（月～金のみ）17時～翌1時
定休日　第5日曜
MAP▶P.117-8

【美ら花】
所在地　名護市幸喜111の1
電話　0980(53)0331
営業時間　11時～23時
定休日　なし
MAP▶P.117-9

【ヤンバル食堂】
所在地　名護市宮里3の575の2
電話　0980(52)7910
営業時間　11時～23時
定休日　なし
MAP▶P.117-10

ヤンバル食堂
YANBARU-SHOKUDO

釜でごはんを炊くことにこだわっている。でも、それよりもっと米にこだわってくれ～！

やんばるをドライブする

ホテルに飽きたら北部へのドライブはいかがでしょう

沖縄本島の北部をドライブしてみよう。

まずは本部《もとぶ》半島。美ら海水族館があるので、そこに行ったついでにいろいろ寄るといい。

水族館の手前には瀬底《せそこ》島がある。本部半島から橋で渡れる小さな島で、早朝の瀬底ビーチは、本島でも屈指のオキナワンブルーである。夕方は、すぐ目の前の水納島に夕日が沈む。

水族館のちょっと先には、備瀬《びせ》集落がある。沖縄本島で、昔ながらの町並みを残している集落はいくつかあるが、この備瀬集落は特に味わい深い。

緑の深いフクギ並木の防風林が集落全体を覆っていて、緑のトンネルが続く。家も古くて小さく、どこも開け放たれている。静かすぎて人がいないかと思うと、かすかに人の気配やラジオの音が。散策にはもってこいのコースである。

もっと足を延ばすなら、やんばるの森を通って沖縄本島最北端の辺戸岬へ。ハッキリ言って遠い。なかなか着きません。

道中、特別きれいな海もなく、仲の良いカップルでさえ会話がなくなるほど。その苦労を乗りこえて辿り着いた人には、12メートルのヤンバルクイナが出迎えてくれます。でも、ちょっとリアルすぎて怖いかも。

天気がよければ、展望台から与論島を見ることができます。

農村喫茶 夕日の丘

山の上にあるなんとも不思議な喫茶店。一度のぞいてみては？

名護から本部へ行く道中、いたるところに『夕日の丘』と書かれた手書きの看板が出ている。その矢印に従って山道を上がること約10分。アスファルトから砂利道に変わり、さらに畑のビニールハウスの間を進むと大きなプレハブの建物に辿り着く。

一瞬、畑の物置きかと思ってしまうが、中に入るとまぎれもなく喫茶店。こんな山の上の畑の中にあるのに営業は24時までやってるらしい。さすがに高台にあるのでテラスからの眺めは最高！ そして、そのテラスには絶対に記念写真を撮りたくなる山羊と招き猫がいるので一人旅の方はカメラと三脚を忘れないように。

【農村喫茶 夕日の丘】
所在地 名護市勝山90
電話 0980(53)8400
営業時間 11時～24時
定休日 火

MAP▼P.117-⑬

グラスアート藍

ザトウクジラの群れが見られる眺望180度の喫茶店

やんばる方面のドライブの途中で立ち寄りたいのがこの店。喫茶店であり、ガラス工房でもある。

テラスの前には何も建物がないので、180度の水平線が見渡せる。これがまた絶景。さらに、毎年1月から4月末のシーズンには、目の前の海にザトウクジラの群れが！ 運がよければジュゴンを見ることもできるらしい。

【グラスアート藍】
所在地 国頭郡東村高江325の1
電話 0980(43)2766
営業時間 10時30分～18時
定休日 火・水

MAP▼P.117-⑭

那覇の夜を愉しむ

初心者向けの那覇の居酒屋を教えます

　沖縄の街といえばやっぱり那覇。リゾートホテルだけに泊まるコースなら、帰りに国際通りでお土産を買うくらいしかやることがないが、もし那覇市内に泊まることがあったら、いろいろな店巡りをすると楽しい。

　といっても、国際通りは観光客向けの店が多い。逆に、少し脇の通りに入るといきなりディープな街になってしまって、初心者は少し戸惑う。

　だからここはひとつ、初心者でも安心して行けて、味も保証付きの店を紹介しよう。

　そのひとつが『海のちんぼらぁ』。58号線を走ると目に飛び込んでくる、でっかいオリオンビールのイラストが描かれた看板が目印。沖縄料理中心の居酒屋だが、どちらかというと内地からの観光客向けの味付け。

　もうひとつは『わらじ屋』。小さな居酒屋だが、古い沖縄の家の造りで、家庭的な店。ここは、突然店のおばぁが三線を弾きながら歌い出すので要注意！

　ゆっくりお酒を楽しみたいなら僕の友だちのバー『MACCA』にどうぞ。泡盛はもちろん、カクテルの種類も豊富。ダーツマシンや、VIPルームにはカラオケマシンも完備！　気軽に入れるオシャレな店です。友だちのお店なので、僕もたまに出没します。

【海のちんぼらぁ】
所在地　那覇市前島2の13の15
電話　098(863)5123
営業時間　17時～翌1時
定休日　なし
MAP▼P.116-⑤

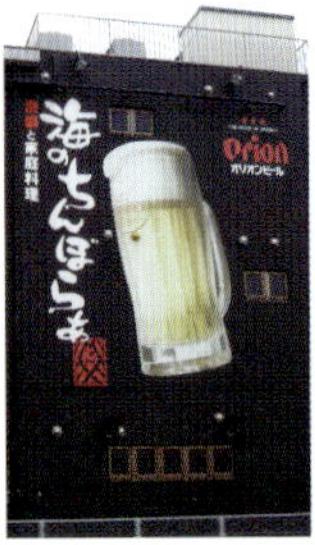

【わらじ屋】
所在地　那覇市西1の11の22
電話　098(868)2473
営業時間　18時～24時
定休日　日
MAP▼P.116-⑥

【MACCA】
所在地　那覇市久茂地2の11の6
花ビル2F
電話　098(862)8244
営業時間　20時～
定休日　要確認
MAP▼P.116-⑥

桜坂界隈

ディープな沖縄の街を体験したい人には絶対オススメ！

初心者向けの居酒屋の次はディープな街を教えよう。

それは国際通りの、三越の斜め向かいにある「てんぶす那覇」の裏手の、2ブロックほどにわたる社交街である。桜坂界隈というが、もちろん福山雅治の歌とは何の関係もありません。

ここは戦後もっとも賑わっていた街で、創業40年をこえる酒場ばかり。新宿のゴールデン街を思わせる街並みで、夕方の早い時間から、明け方にかけてずっとやっている。おでん屋（といっても豚足のおでんである足てびち）や山羊料理店が多く、店の大半は地元客向け。「年金通り」という通りもあって、まさに沖縄のおじぃやおばぁの社交場であり、カラオケがあちこちの店から響いてくる。

でも最近は若い旅行客も増え、若い人向けのバーもたくさんできている。ディープな沖縄を冒険してみたい人には絶対オススメの街。

PARAISO

那覇の夜に騒ぐなら、ディアマンテスのライブに限る！

沖縄の音楽は三線と島唄だけではない。ここ『PARAISO』はアルベルト・シロマが率いるラテングループ「ディアマンテス」が拠点として活動するライブハウスである。

ラテンミュージックと沖縄音楽をチャンプル(混ぜこぜ)した楽曲とノリのよさはまさにオキナワ・ラティーナ。月に2回程度ライブをやっているので、旅行の日程を合わせると那覇の夜が格別に楽しめます。

沖縄在住のカメラマンの大井くんは、10年前にディアマンテスのライブを見て沖縄移住を決めたらしい。それくらいインパクトがあったということ。ドリンク、フードも充実していて、オススメです。

【Restaurant & Live music PARAISO】
所在地　那覇市久茂地2の2の7 2F
電話　098(866)1200
営業時間　11時30分～14時　18時～24時
MAP▼P.116-⑥

カヌチャベイホテル＆ヴィラズ

沖縄リゾートホテルの最高ランク
ジャグジーの付いている部屋がバツグン！

沖縄本島のリゾートホテルの中でも最高ランクがここ、カヌチャベイホテル＆ヴィラズ。広大な約80万坪の敷地の中、宿泊棟にはいくつものバリエーションがあり、ガーデンプール、リラクセーション、ジム、ゴルフコースといった施設も充実。大げさではなく、ホテルというか、ひとつの街といった感じである。

　タワー、コテージ、その他にもいろんなタイプの部屋があるのだが、僕が特に好きなのはジャグジー付きのタイプ。ジャグジーはオープンエアーのテラスにあるので、青空の下、海を見ながら楽しむことができるのだ。

　この部屋はパックツアーでも予約が可能。料金は少し高くなるかもしれないが、せっかく沖縄という楽園に行くのであれば少し無理をしてでも贅沢な非日常の空間を味わってほしい。

　僕のお気に入りをもうひとつ！　ゴルフクラブハウス1

階にある中華料理『広東名菜龍宮』。ここの中華料理はバツグン！　ランチでもディナーでも一度行ったら病みつきになること間違いなし！

ただ、この何でも揃っているホテルにもひとつだけ欠点がある。それは、沖縄本島のリゾートホテルはすべて西海岸、つまり東シナ海を臨んでいるのだが、カヌチャベイホテルだけ太平洋側。だから現地に行くと、ちょっと和歌山っぽい！

「なんで沖縄なのにビーチに松の木が並んでんねん！」とツッコんでしまう。それ以外は完璧なリゾートホテル。

ザ・ブセナテラス

光と風を感じるオープンエアーが心地よい沖縄屈指のリゾートホテル

沖縄本島のリゾートホテルで、僕がオススメするもうひとつのホテルがここ、ザ・ブセナテラス。

2000年の沖縄サミットのメイン会場になったことでも有名なホテルである。

カヌチャベイホテルは太平洋側にあるが、ザ・ブセナテラスは東シナ海側。沖縄の西海岸リゾートホテルの中では最高のホテルで、海岸の眺望にも松の木がないので安心(?)して行ってほしい。

カヌチャベイホテルは、広大な敷地にともかくいろんなパターンの豪華な建物を建てたといったイメージがあるが、ザ・ブセナテラスのテーマは〝統一感〟。ホテルの窓を開け放って太陽の光と海の風を取り込む設計なので、自然を身近に感じる。最初に入るロビーをはじめ、いたるところがオープンエアーで開放感もひとしお。建物を閉め切って冷房を効かせている他の沖縄のホテルとは一線を画しているといえる。

サービスもしっかり行き届いており、現時点で最高ランクのホテルである。

南部のドライブ

「聖地」と「戦跡」が散らばる南部のドライブコース

沖縄本島の南部には観光地が多い。しかし、そのほとんどが戦跡である。

修学旅行では必ず行くようだが、カップルで沖縄を楽しみにきたのなら、あまりオススメはできない。ただ、何回も沖縄に遊びにいってる人が、沖縄のことをちゃんと知っておきたいと思うのであれば、これらの戦跡には行っておくべきである。

歴史を知っておくのは沖縄に対するマナーだからである。

南部をドライブするなら南城市にある『斎場御嶽《セーファウタキ》』に立ち寄ろう。世界遺産にも登録された聖なる場所。そこにいるだけで心が洗われるような感じがする。

そして、その近くに沖縄一景色がいいファミリーマートがあり休憩するのにちょうどいい。「海の見える休憩所」という看板が目印。店の裏にあるテラスでオキナワンブルーの海を見ながらちょっと一服……。

海のきれいな南城市には、他にも景色のいい店がある。『カフェくるくま』。沖縄の中でも眺望ナンバーワンと言われているカフェ。目の前に広がる景色は最高！　名物はタイ国の認定を受けた本格的タイカレー。近くの山にパラグライダーの滑走路があるので、コバルトブルーの海の上を飛ぶカラフルなパラグライダーを眺めながら食事をしていると、こちらも優雅な気持ちになる。

【斎場御嶽】
所在地　南城市知念字久手堅
電話　098(949)1899
(緑の館セーファ)
料金　大人200円　子供(中学生まで)100円
MAP▶P.117-⑪

【ファミリーマート
セーファウタキ前店】
所在地　南城市知念字久手堅455の1
電話　098(948)2529
MAP▶P.117-⑪

【アジアン・ハーブレストラン
カフェくるくま】
所在地　南城市知念字知念1190
電話　098(949)1189
営業時間　10時～22時
定休日　火
MAP▶P.117-⑫

オプショナルツアー

久米島／奥武《おうじま》島

沖縄本島から
気軽に行ける島として
久米島を紹介する。
ここでは2泊3日の旅を
紹介するので、
沖縄本島の
オプショナルツアーとして
他の日程と組み合わせて
利用してくれればいい。

※久米島へのアクセス
飛行機：那覇空港から久米島空港まで約35分
船：那覇泊港から兼城港まで約4時間（直行便は約3時間15分）

1日目

［午前］那覇空港発
↓
久米島空港着
↓
イーフビーチのホテルへ
↓
［午後］自転車をレンタルする
↓
ほかほか弁当で昼食を買う
↓
自転車で海中道路を渡り、奥武島（おうじま）へ
↓
「ほか弁」で昼食
↓
［夕方］ホテルへ戻る
↓
ホテル泊

2日目

［午前］朝食
↓
［午後］船で20分
↓
「はての浜」本島では見られない360度の海が目の前に
↓
ホテル泊

3日目

［午前］朝食、久米島空港発
↓
那覇空港着
※時間があったら、船でゆっくり帰るのも味がある

A イーフビーチ
所在地:久米島町謝名堂
「日本の渚百選」に選ばれたビーチ。海水浴には最適で、ホテルや民宿が集まっている。

B 奥武島
かつて満潮時には竹馬で久米島と行き来していたが、いまでは海中道路で渡ることができる。カメの甲羅を敷き詰めたような畳石が有名。

C はての浜
久米島の沖合7キロに横たわる砂州で、潮の干満や流れなどで形や大きさが変わる。前の浜、中の浜、はての浜に分かれている。
アクセス:久米島内のホテルやマリンショップ主催のツアーにて、ボートで約20分

ONE POINT
ホテル近くの、ほか弁を買って出かける人が意外と多い

久米島

沖縄本島からほど近い離島
軽い冒険と「島気分」を楽しむなら久米島へ

久米島は意外と広くて見どころが多いので目移りしがちだが、この日程ならあえて軽くサイクリングはいかがだろうか。

久米島のホテルは東のイーフビーチに集まっている。ここからまる1日、島の気分を味わいに行くなら、車を借りてあちこち回るよりサイクリングが断然いい。近場に程よい島がある。それが奥武島《おうじま》だ。

そこで、ホテルで自転車を借りてのんびり出かけよう。近くに「ほかほか弁当」があるので、そこで食べものを買っていけば充分。沖縄のものにこだわる必要はない。

しばらく走ると、奥武島に渡る海中道路がある。ここが島への入り口となる。

海中道路は海の上に一直線に伸びた道で、自転車で走るのに最適だ。島の風が横から吹きつけて気持ちがよく、視界に入る風景とペダルを踏むリズムが妙にマッチする。

そして奥武島に上陸したら、いい加減フラフラに疲れる。そこで青空のもと、ほか弁を食らう。

たかがほか弁なのに、そのときくらいおいしく感じることはない。

久米島の旅は、たったそれだけで充分満足なのである。

沖縄に初めて行ったとき、ゴーヤチャンプルの味の意味がわかりませんでした。しかしそれよりインパクトがあったのがフーチバジューシーという、よもぎの炊き込みご飯でした。

一口食べてびっくり。蚊取り線香の味です。私たちは、人生で蚊取り線香を一度も食べたことがなかったにもかかわらず、全員「蚊取り線香の味や！」と叫びました。

あれから数十年。先日、フーチバジューシーを食べてみました。なんと普通に食べられました。

沖縄の食べものはいつも不思議です

不思議なものを食べてみる。これも旅の楽しみ方。

久米島ではこんなことがありました。ある店で豚キムチを頼んだら、牛肉の炒めものが出てきたのです。どうみても豚でもキムチでもありません。

私たちが店のおじさんに「これ何ですか？」と聞いたら、おやじの答えは「豚キムチ」でした。

そうなんだ、豚キムチだ。そう付けたんだ、このおやじが。ここでは、女の子に太郎と名付けても自由なんだ!!

島田人
SHIMA
DAN
CHU

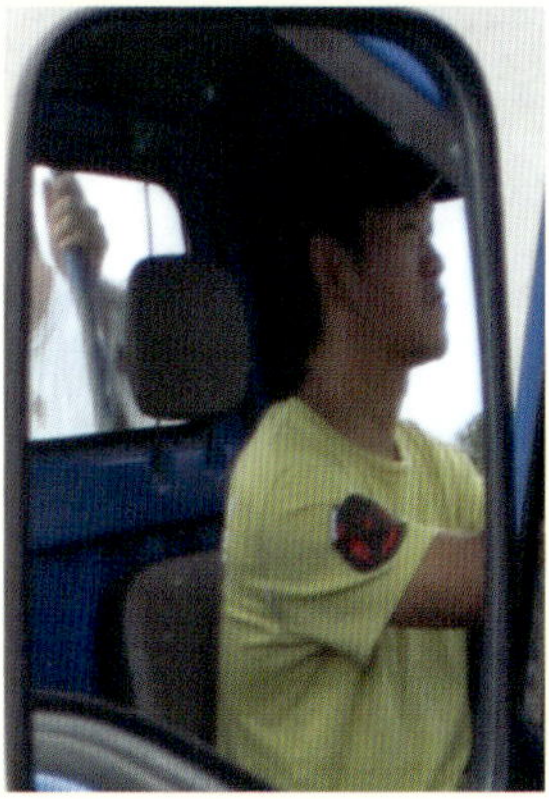

那覇空港内 郵便局

那覇空港内にある郵便局。沖縄限定発売の「ふるさと切手」「絵入り葉書」などが販売されている。旅先からの手紙は嬉しいもの。到着したらまずここで沖縄の切手を買おう。

所在地　那覇市鏡水150
電話　098(859)5380
営業時間　9時~17時
定休日　年中無休

SOHO

アメリカンビレッジ内のカジュアルショップ。アメリカやヨーロッパ直輸入の古着や、ヴィンテージもののジーンズや革ジャンが手に入る。小物や雑貨などの品揃えも豊富。

所在地　中頭郡北谷町美浜9の12
電話　098(982)7785
営業時間　10時~21時
定休日　年中無休

RANCH

アメリカンビレッジ内の地元のデザイナーによる、オリジナルTシャツの専門店。人気キャラクターがデザインされたTシャツやトレーナー、タンクトップ、ヘッドウェアなどが地元の女性に大人気。

所在地　中頭郡北谷町美浜9の12
電話　098(982)7008
営業時間　10時~22時
定休日　年中無休

ピザ喫茶 花人逢

広いテラスから海と島々を見下ろせる極上のスポット。夕日のポイントとしても有名。ピザがメインのカフェで、長時間落ち着いてくつろげる。休日は混んでいるので注意。

所在地　国頭郡本部町山里1153の2
電話　0980(47)5537
営業時間　11時30分~19時
定休日　火・水

やちむん喫茶シーサー園

カフェ

隠れ家カフェの元祖。瓦屋根の一軒家で、縁側に座ってオープンエアーを楽しむ。吹き抜ける風が心地よく、シーサーや食器などの焼き物を眺めながらゆったり過ごそう。

所在地　国頭郡本部町伊豆味1439
電話　0980(47)2160
営業時間　11時～19時
定休日　月・火

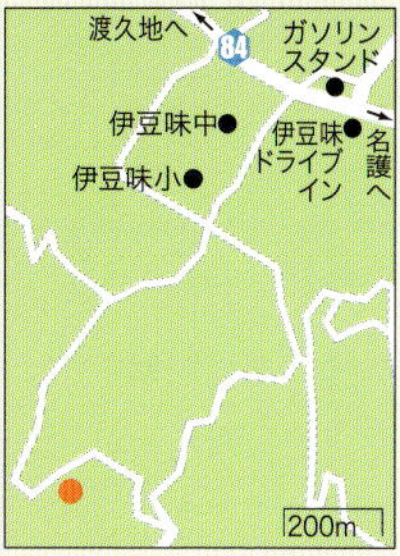

トランジットカフェ

カフェ

北谷に足を延ばすなら、夕方にこの店に行ってみよう。海沿いのオープンエアーのテーブルから望む、海に沈む夕日を眺めながらの乾杯は最高。料理もデザートもオススメ。

所在地　中頭郡北谷町宮城2の220
電話　098(936)5076
営業時間　6時～翌2時
定休日　不定休

山《やま》甕《がめ》

カフェ

沖縄の北部、やんばるの森をドライブしたときに立ち寄りたいのがここ。森の中で川のせせらぎを聞きながら心地よい時間が過ごせる。天然酵母で作った特製パンがオススメ。

所在地　国頭郡東村高江86
電話　0980(43)2624
営業時間　11時～18時
定休日　火・水

御《うど》殿《うん》山《やま》

沖縄そば

小高い丘の上の築100年をこえる古民家でゆったりくつろぐことができる。ガジュマルの灰汁《あく》を生地に加えて作る手打ち麺は昔ながらの手法。スープはあっさり味でおいしい。

所在地　那覇市首里石嶺町1の121の2
電話　098(885)5498
営業時間　11時30分～16時(売り切れ次第終了)
定休日　月

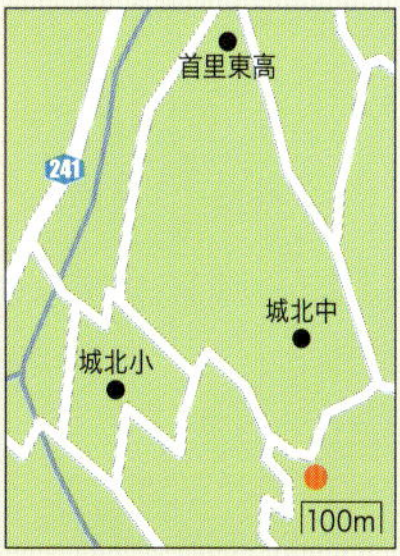

首里そば

沖縄そば

1日60食限定の手打ちそば店。麺の手もみに2時間、お客さんに出すまでに毎日7時間かける。スープはかつおの一番だしを使用し、三枚肉は泡盛で4時間煮込むこだわり。

所在地　那覇市首里赤田町1の7
電話　098(884)0556
営業時間　11時30分〜14時ごろ
(売り切れ次第終了)
定休日　日・祝

てん to てん

沖縄そば

木灰汁の上澄みで粉をこねて麺を作る昔ながらの手法で、モチッとした食感がいい。ソフトクリームのように盛り上がった白い泡を飲む、沖縄独特の「ぶくぶく茶」もある。

所在地　那覇市識名4の5の2
電話　098(853)1060
営業時間　11時30分〜16時
定休日　月

きしもと食堂 八重岳店

沖縄そば

創業1905年の老舗・本部町のきしもと食堂が2004年にオープンさせた支店。メニューは「岸本そば」のみ。名護方面のリゾートホテルに泊まったときの昼食にどうぞ。

所在地　国頭郡本部町字伊野波350の1
電話　0980(47)6608
営業時間　11時〜19時(17時以降売り切れ次第終了)
定休日　なし

くすくす

沖縄料理

カヌチャベイホテル内の沖縄料理店。カヌチャに着いた最初の夜は、ここで沖縄料理と泡盛を愉しんで沖縄を実感する。ホテル内のレストランの中では比較的リーズナブル。

所在地　名護市安部156の2
電話　0980(55)8880
営業時間　17時〜翌1時

第一牧志公設市場二階

沖縄料理

那覇の国際通り近くの市場で「沖縄の台所」といわれる。一階の魚屋で食材を選び、二階の食堂に持ち込むと、刺身やバター焼き、煮つけ、魚汁などに調理してくれる。

所在地　那覇市松尾2の10の1
電話　098(867)6560
営業時間　9時〜20時
定休日　第4日

大家《うふやー》

沖縄料理

築100年を超える沖縄の古民家を復元、移築してつくられた沖縄料理店。そばも御膳もおいしい。縁側の席から自然を眺めながら、昼下がりに遅い昼食をとるのがオススメ。

所在地　名護市中山90
電話　0980(53)0280
営業時間　11時〜22時
定休日　なし

ジャッキーステーキハウス

ステーキハウス

ステーキハウスの老舗。沖縄に行くとステーキが安いと言われたころのアメリカンステーキが食べられる。米軍公認の許可証であったAサインがいまでも店内に飾られている。

所在地　那覇市西1の7の3
電話　098(868)2408
営業時間　11時〜翌1時30分
定休日　年中無休

A&W牧港店

ファーストフード

本土復帰前からあるハンバーガーチェーン。中でも牧港店は巨大な人気店。名物はコーラとドクターペッパーを混ぜたような味がするルートビア。ビールではない。甘すぎるかも。

所在地　浦添市牧港4の9の1
電話　098(876)6081
営業時間　24時間営業
定休日　年中無休

Column 1

女の子を誘い出したいなら、一緒にプランを作れ！

あなたが男性で、好きな女の子がいたとしよう。それならば、沖縄旅行に誘うべきだ。沖縄の魅力が、女の子を落とすのに必ず味方してくれるはずだから。

たとえば、二人は、まだ恋人とまではいかない、友達くらいの関係としよう。ならば焦ってはいけない。ぐっと本心を隠し、グループ旅行を提案してみよう。そのときも、単刀直入に「沖縄に行こうよ」と誘ったら断られる可能性が高い。なぜなら、女の子はまず「恋人でもないその男と一緒に行く」ことを想像するからである。

どうしてその男と行くのか、という理由付けなしに、女の子は男と旅行へは行かない。仮にあなたに好意を持っていたとしても、だ。

だから最初にすべきことは、沖縄の素敵な話をたくさんすることだ。「自分がいかに沖縄に行きたいか」という話を熱く語るのである。

「ものすごく空が青くて、信じられないほどの白い砂浜が延々と続いていて、エメラルドグリーンの海があって、ドライブも都会とは比べものにならないくらい風が気持ちよくて、水族館で世界一のおっきな水槽の熱帯魚を見て……」

と楽しい話を並べたてる。すると、聞いていた女の子も頭の中で沖縄を想像し、

「行きたい、行きたい」

となるだろう。そのセリフが出たタイミングで、

「じゃ、一緒に行こっか！」

と言えばいいのだ。

そうすれば女の子は必ずＯＫする。なぜなら、その時点で「沖縄に行く」ことが目的になり、「その男と行く」のは手段になっているからである。女の子の中でうまく理由付けができた瞬間だ。

そしてここからが大事。「沖縄に行ったら何

をするか」という計画を一緒に話し合うのだ。

不思議なもので、男が勝手に作ったプランを押しつけると女の子は引いてしまうが、ゼロから一緒に作り始めると、女の子は「自分たちが作ったプランだから、楽しい旅行になるはず。楽しい旅行にしよう」と思ってくれるからだ。

そうして、うまく旅行に誘うことに成功した、たとえば男2人と女2人での沖縄旅行が実現したとする。

出発当日は空港で（東京なら羽田で）集合、沖縄に着いたら全員一緒にレンタカーを借りてホテルへ向かう。ホテルの部屋は男女別々にして、もちろんエッチはナシ。

そしてプラン通り、旅行は楽しく過ごすことを心がける。とは言っても、日常とはかけ離れている沖縄に来て、美しい海や空気を共有しているのだから、楽しいのは当たり前。それも3泊4日と限定された期間。

人間はおもしろいもので、限定された期間となるとそのあいだはすごく優しくできるものなのだ。男がたいしておもしろくもない話をしても、女の子たちはゲラゲラ笑ってくれる。コンビニに寄って一緒に何か買うだけでも、何か特別なことをしているような気になる。部屋で飲んだコップを洗っている女の子を見て「いい娘だ」とも思える。男も女も優しくなれ、すべてを受け入れるようになる。
そして帰ってきて空港で「バイバイ」と言うとき、自分の心が「待ってくれ」と思うのか、「まだ一緒にいたい」と思うのか、「この娘はもういいや」と思うのか……そこから先は人それぞれ。だがこれだけは言っておこう。沖縄には確実に人に恋をさせる力がある。だからこそ、
「好きになった娘はなんとかして沖縄に連れて行け！　行ってしまえばなんとかなる」

Column 2

カップルなら、つきあいの深さで行き先を変えろ!

カップルで沖縄に行く場合、どこでもいいというわけではない。そのときの二人の関係の深さで行き先を変えるべきである。

簡単にいうと、つきあいが浅ければ沖縄本島、つきあいもそこそこで愛をより深めたいなら宮古島、つきあいも長く二人で苦労を分かち合えるくらいになったら石垣島（や周辺の離島）といった順で行くべきだ。

つきあって1年目くらいまでは、彼女をしっかりエスコートしなければならない。まだまだ相手にいいカッコをしないといけない時期なのだ。そうした場合は沖縄本島を選ぶべきである。

沖縄本島には、豪華なリゾートホテルがある。もちろん、料金も高い。一番いいホテルは、他のホテルと比べると、ツアー料金で4～5万円の開きがある。だが、ここでケチってはいけない。本島でも一番いいホテルを選んで、二人の一番大事な時間を最高の時間にすべき旅行と思わなければならない。

豪華なホテルは、ロケーションと設備だけで二人の〝間〟を持たせてくれる。テラスにジャグジーがついている部屋がツアーにもあるが、そこはバツグン。少し料金は高いが、それだけで気分がグンと盛り上がって旅のグレードがさらに一段アップすることは保証する。

このように、お金さえ惜しまなければ、ホテルが最高の時間を過ごさせてくれるのだ。

また、沖縄本島は道に迷うことがないのもポイントが高い。レンタカーを借りて土地勘がなく運転していっても、間違いなくホテルに着く。これが離島だと、必ず迷って彼女にカッコ悪い姿を見せてしまう。つきあいの浅い時期に、そういう姿は見せてはいけないのである。

さて、少しつきあいが深くなったら、次は宮古島へ行くべきだ。

宮古島は穏やかな島である。なんにもなくて、ただひたすらゆっくりのんびりできる島なのだ。逆に、あまりに穏やかすぎて、時間を持て余してしまうこともあるくらいだ。

　だからこの島は、二人の〝間〟が気にならなくなるくらい愛が深くなってから行くべきだ。ここを間違えてつきあい始めのカップルが行くと、〝間〟が持たなくなってしまい、ヤバい状態になってしまいかねない（つまらない男だと思われてしまうのだ）。

　この島の海と砂浜の美しさは絶品だ。愛が深まっているカップルなら、この美しさと穏やかな「何もなさ」を存分に楽しめるはずである。

　石垣島を選ぼうと思うカップルは、一緒に苦労することを楽しめるくらいの深い仲になってからでないと大変にすべってしまう危険性が高い。

　石垣島に行くということは、その先の離島に行くことも含まれる。石垣島を拠点として、竹

毎年、この写真をラベルにしたワインを作っています。名前は「ディアフレンズ」。右側に写っている友達は最高の親友。水商売やけど……。こんなこと言うと、いつも彼はツッコミます。「水商売言うな!!」

富島や西表島、小浜島、与那国島、波照間島などに船で渡るのである。

　当然、移動が多くなる。まず、船に乗るための離島桟橋というのが難関で、「どこで切符を買うか？」「何番乗り場で乗るか？」など、間違わずに船に乗ることすら大変。わからないことを、いちいち人に聞くのもカッコ悪い。

　離島に渡ったら、今度は道に迷ったり、食事するところが見つからなかったり……。どうしていいかわからないことが、本当にたくさん起こる。つまり、石垣島から始まる離島の旅は、男としてかなりカッコ悪いところを見せてしまう場所なのである。

　だから、「道わからんよな」「どっち行くねん」とお互いに頼れるような、本当に深い仲になって初めて、石垣島に行けるようになる。一緒に迷ったり、悩んだりすることを楽しむ関係になってから行く場所なのである。

Column 3

「ここで決めたい」と考えている男は、3泊目が勝負だ！

前のコラムでは、男と女がどんな関係のときに沖縄のどの島へ行くべきかということを伝授したが、ここでは、何かを決めたい男が、〝いつ、どこで勝負をかければいいのか〟というタイミングについて伝授したい。

それは好きな女の子を口説き落とす勝負でも、人生の勝負であるプロポーズでもいい。負けられない勝負をするための場所とタイミングについて教えよう。

プロポーズの場所というのは実はなかなか難しいもので、都会でも中途半端な店やホテルだとカッコがつかない。だから、沖縄という、絶好のロケーションが設定されている場所で、的確なタイミングで切り出すのが一番うまくいく方法だろう。

簡単に言うと、沖縄なら場所はどこでもいい。ただ基本はおしゃれな場所である。夕暮れのホテルのテラスでも、趣味のいいカフェテラスの席でも、夕日が見える海岸沿いに停めた車の中でも、散歩している海岸でも、いい。沖縄にはそのようなロケーションはいくらでもある。ただ、プロポーズをするのだから、やはり邪魔の入らない、二人きりのリゾートホテルがベストかもしれない。

場所よりも大切なのが時間である。それはズバリ、〝帰る前の日の夜〟だ。

この本では3泊4日で行くプランを勧めているので、3泊目の夜、ということになる。

旅行に出た人は経験があると思うが、誰もが最終日前日の夜というのは切なくなるものである。旅行の間はずっと楽しい時間が過ぎていたのに、翌日には帰宅し現実に戻らなければならない……。そんな心理が自然と働くためか、誰もがすごく寂しくなる。それで、帰る前の日の夜は切なくて落ち込んでいる。それまでの楽しさと翌日からの現実のギャップが大きいわけだ。

しかも、カップルで行った場合、その心理はより複雑になる。それは、どうしてこんなに寂しいのかが自分でも微妙にわからなくなっているからだ。「旅が終わるから寂しい」のか、「いままで一緒にいたこの人と明日から一緒にいられないから寂しい」のか……そういうことを人間の気持ちは、なかなか整理できないものなのだ。

だから、そうした寂しさを突くようにアタックする。

「君とずっと一緒にいたい」

そんな思いを込めて伝えてみよう。彼女は、

「もしかしたら、この人とずっと一緒にいれば寂しくないかもしれない……」

と考えてくれるはずだ。

もしその結婚に少々の邪魔や障害があっても、絶好のタイミングさえ図ることができれば、プロポーズは確実に成功する。

黒島の伊古桟橋の上から熱帯魚を撮る。

つきあう前の男女が沖縄に来て、男が女にアタックするのも同じことである。

沖縄に誘ったときから、旅行の間中、男はずっと女にプレゼンをしてきた。出発する前は、

「僕と沖縄に行けば、これくらい楽しく過ごせますよ」

とプレゼン。沖縄に着いてからの3日間は、一緒に過ごして女の子を楽しませることでプレゼンをしつづけた。そして、

「僕と来て、どれくらい楽しかったですか？　僕とつきあってくれませんか？」

それの結論を引き出すのが3泊目の夜なのである。ここで、もう一歩踏み出せないでいた女の子の背中を、「旅の終わりのせつなさ」に押してもらう。これも成功は間違いない！

3泊目の夜にホテルのテラスで思いを込める。

それが「ここで決めたい」という勝負に絶対勝つための秘訣なのである。

覚えておきたい
沖縄の当たり前

真夏に黒いTシャツを着るなら死ぬ覚悟で！

真夏の沖縄は本当に暑い。現によく道端にカラスが死んでいる。暑さのせいでボタボタと電線から落ちているのです。

沖縄では「めんそーれ」と挨拶する人はほとんどいない。

「めんそーれ」とは沖縄の言葉で「いらっしゃいませ」の意味。京都の「そうどすえ」と同じで、いまでは誰も使わない。

沖縄で見る看板は決してウケ狙いではない！

思わず笑った料金設定。6時間ならいくらやろ？

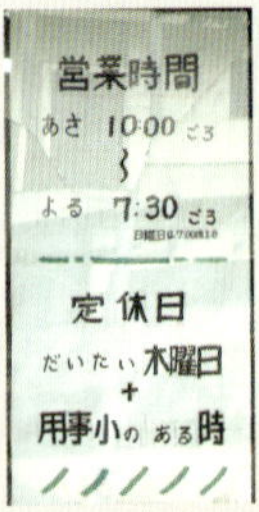

「だいたい」なら定休日とちがうやん！「用事小」って何？

沖縄では、タクシーで3000円以上走ると“これでもか”というくらい感謝される。

観光はレンタカーが主流なのでタクシーの利用者が激減。基本料金も離島では350円くらいが相場だったりする。

沖縄本島のレンタカーのカーナビは時代の流れに追いついていない

いま、存在する沖縄の各市には、ここ数年で小さな村が合併して市になったところがある。しかし、この時代の波についてきていないのが、レンタカーのカーナビである。ガイドブックで行きたい場所を見つけて目的地に登録しようと思っても、新しい地名は出てこないことが多い。このことは事前に知っておかないと現地で慌てることになるので要注意！

ここで少しだけ沖縄各市町村のビフォーアフターを紹介しておくので参考にして下さい。

石川市・具志川市・与那城町・勝連町 → うるま市
玉城村・知念村・佐敷町・大里村 → 南城市
平良市・城辺町・下地町・上野村・伊良部町 → 宮古島市
東風平町・具志頭村 → 八重瀬町

宮古島 3泊4日の旅

宮古島は観光地も少なく、はっきりいって何もすることはない。ただただきれいな海と白い砂と、ゆったり流れる時間を楽しんでほしい。

1日目

[午前]
各空港発

[午後]
宮古空港着

[夕方]
宮古島東急リゾート着
ホテルの海岸から左へ徒歩10分の与那覇前浜ビーチを散歩

ホテル泊

2日目

[午前]
朝食後、東平安名崎岬の灯台への遊歩道を散策

[午後]
来間島へドライブ
来間島で海水浴をするなら、日陰がないのでビーチパラソル必携。シャワーは途中にある前浜のシャワーを使う

ホテル泊

3日目

[午前]
朝食後、3日目も、プールや海辺でゆったりと外出するなら、ドライブをして気に入った海岸を探して海遊びを

[夕方]
最後の夜を静かに過ごすこと

ホテル泊

4日目

宮古空港発、各空港着

宮古島

海と砂浜の美しさは東洋一。静けさと穏やかさで、まるで時間が止まった島

宮古島は穏やかな島である。石垣島は、そこから離島に渡るのを目的にして行くところだから、その移動だけで大変な思いをすることがあるが、宮古島は着いてしまえばこっちのもの。迷うことはない。

逆にあまりに静かでテンションが低すぎて、時間を持て余すことさえある。だから、カップルがここで二人きりで過ごせるようになったら、まず本物だといっていい。

宮古島の海の美しさは、砂の美しさである。砂が真っ白できめが細かい。水の透明度だけでいえば、ダイビングで有名な慶良間諸島が最高だが、海岸の美しさは宮古島がピカイチなのである。

その砂浜の色が一番きれいなのが与那覇前浜ビーチ。他にも、宮古島には保良泉《ほらがー》ビーチや砂山ビーチなどが有名で海水浴にも便利なビーチはたくさんあるが、車で走って名前もない海岸を見つけるのもひとつの楽しみである。

また、宮古島といえばオトーリ。地元の人と出会わなければやる機会はないが、万が一オトーリに遭遇したときのために、簡単に説明しておこう。

オトーリとは、宮古地方に伝わるお酒の飲み方で、ひとつのグラスで、泡盛を1杯ずつそこにいるメンバーが順繰りに飲んでいく。もちろん一気飲みで、酔いつぶれるまで飲むのだ。「もう無理です」とダウンしてようやく許されるという、一種の拷問である。

もしオトーリに遭遇したなら、「これも旅だ」と諦めて、宮古島の思い出を身体に刻みつけましょう。

最後に、僕が個人的に絶対オススメなのが、来間島《くりまじま》。島と言っても、宮古島から橋がかかっているので、すぐに行ける。ここはぜひ楽しんでほしい。

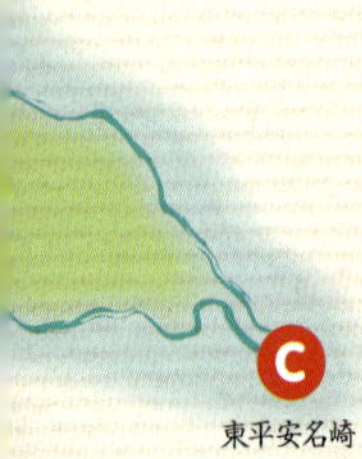

A 与那覇前浜ビーチ

宮古島の代表的なビーチ。白い砂浜とエメラルドグリーンの海は東洋一と言われている。

B 宮古島東急リゾート

所在地：宮古島市下地字与那覇914　電話：0980-76-2109

アクセス：宮古空港から車で10分

C 東平安名崎

宮古島の最東端にある細長い岬。岬の先端の灯台へは車は入れないので遊歩道を利用。

※宮古島へのアクセス

飛行機：那覇空港から宮古空港まで約50分

ONE POINT

沖までずっと砂浜なので、シュノーケリングを楽しむなら別の海岸へ

宮古島東急リゾート

夕暮れの砂浜の美しさはまさに異次元
静かで穏やかな宮古島を味わい尽くせるホテル

宮古島のリゾートホテルといえばここだ。

宮古空港から車で10分。ホテルの前から宮古島随一のビーチである与那覇前浜ビーチまで、7キロにわたって白い砂浜が続く、リゾート中のリゾート。

ここは、最高の夕日が見られることで有名なビーチである。だから、宮古島に着いた初日の夕暮れにこのビーチを散歩してほしい。

水平線に夕日が落ちていくのを見ながら、真っ白な海岸を男と女が歩く。あまりの美しさと静けさに二人の時間が止まる。あっという間に、身体が島のリズムになじみ、二人の愛はよりいっそう深まるだろう。

このビーチで男が使えるワザをひとつ紹介しておこう。

それは、女の子の誕生日などに使えるワザだ。まず、平べったい貝殻を探し、その裏側に絵を描いておく。そして二人でビーチを歩いて、ポケットからそっとその貝殻を落としておく。しばらく散歩をし、適当なところでUターンして同じ場所に戻ってきたときに、落としておいた貝殻を彼女に拾ってもらう。

「あ、何かきれいそうな貝殻。ちょっと拾ってみて」

彼女が何も考えずに手にした貝殻には絵とともに「誕生日おめでとう」の文字が……。

普通ではケツがかゆくなるようなこんなことができてしまうのも、この砂浜の異次元の美しさならでは、なのである。

ともかく、静かで穏やかな宮古島を味わいつくすなら、このホテルに泊まるのが一番である。

グリーンフラッシュ

それを見たカップルは幸せになれる といわれる奇跡の光

太陽が沈む瞬間、雲、空、空気の状態、気温、湿度などすべての条件が揃ったとき、太陽が一瞬グリーン色に輝くことがある。それは年に数回。それがいつなのか誰にもわからない。どの季節に見えるとも決まっていない。そんな奇跡のフラッシュだから、グリーンフラッシュを見たカップルは幸せになるという伝説がある。夕日を見にいくときは、ホテルのフロントに日没時間を聞いてから行くこと。

また、好きな女の子を沖縄に誘うとき「いままで一度も見たことないけど、君となら見られそうな気がする」と言えば結構効果がある。

クマザ農園

シーズンに行って現地でかぶりつく マンゴーの味は格別です

マンゴーの季節は7月上旬から1カ月。僕は、毎年『クマザ農園』の完熟マンゴーをお取り寄せしている。

ここのおっちゃんは自分が良いと思ったものしか世に出さないこだわりのマンゴー職人。だからいつも安心して頼んでいる。同じ島でも愛情によってマンゴーの味は違います。

ここで紳助流の食べ方を紹介しておきます。マンゴーは包丁でブロック状に切りがちですが、それは間違いです。

まず、マンゴーの先端をかじって切れ目を入れ、バナナのように皮をむいて丸ごとかぶりついて下さい。これが完熟マンゴーの正しい食べ方です。

【クマザ農園】
所在地 宮古島市城辺字長間2202の3
電話 0980(77)7209
MAP▼P.118-⑰

東《ひがし》平《へ》安《ん》名《な》崎《ざき》の人力車

細長い岬の先端までゆっくり歩いて昼の散策を

宮古島の観光スポットでオススメなのは最東端にある東平安名崎。ふもとから先端まで約2キロ、細長く伸びた岬の先に灯台がある。車で走っていても気持ちのいい道。そこから見える景色は宮古島一ダイナミックだ。そして、途中にある駐車場から灯台までの間は歩くことになるのだが、人力車でのガイドもある。人力男（じんりきマン）こと『灯八』の佐々木さんは、僕が行くといつも「お帰りなさい」と日焼けした真っ黒の笑顔で迎えてくれる。

そして、以前この場所で「ボブ」という男に出会った。

ボブといっても北九州出身のどこから見ても東洋人。ボブ・マーリーが好きだからボブらしい。そのボブは40歳を過ぎて宮古島に移住してきた。そのときは、まだ仕事の当てもなく毎日海辺で三線を練習しているだけ。「これから仕事どうすんの？」と聞くと「なんくるないさ～」と言っていたので大丈夫かいなと心配していた。

それから1年後、ここに来てみると、なんと佐々木さんの人力車の隣で三線の店を開いていた。ホンマになんとかなっていた。愛すべき野郎です。

ボブは鼻毛が出ている。ボブの鼻毛はグリーンフラッシュより簡単に見られる。しかし幸せにはなれない。

宮古島で食事をとる

沖縄でうなぎ料理も紳助流!?

宮古島は静かな島だが、平良の繁華街には意外に多くの郷土料理店や居酒屋、バーなどがある。

沖縄は島と島のあいだの距離が離れているから、各島ごとの食文化が微妙に異なるが、宮古島の特徴を簡単にいうと、カツオ漁など漁業が盛んなので海鮮料理の店が多いことと、沖縄そばの具がなぜか麺の下に隠されていること。ただ、そんなそば屋も最近は見かけなくなりましたが……。

ここでオススメなのは3店。

1つは『居食屋　うみんちゅ』。オーソドックスな郷土料理の居酒屋だが、味はかなり旨い。地元で揚がった海産物の刺身が新鮮で、店の名「海人《うみんちゅ》」に恥じない！　他にも、ミミガーやラフテー、チャンプルなど普通の沖縄料理もおいしく、お気に入りの店です。

『うなぎ料理　しきしま』はうなぎ専門店。僕らは宮古島に行くと必ずここの鰻重をテイクアウトし、ホテルで食べる。うなぎ・ごはんとも量が多く食べきれないこともある。南の島での鰻重は一度食べたら病みつきです。

そして、宮古島から帰るときに必ず立ち寄るのが、空港の2階にあるレストラン『ぱいぱいのむら』。ここで最後のソーキそばをしっかり味わって旅を締めくくる。そばもいいが、ここのゴーヤチャンプルは不思議に苦くないので、苦手な人もどうぞ。

【居食屋　うみんちゅ】
所在地　宮古島市平良字西里381
電話　0980（72）0571
営業時間　17時～24時
定休日　不定休
MAP▼P.118-⑮

【うなぎ料理　しきしま】
所在地　宮古島市平良字西里300
電話　0980（73）3581
営業時間　11時30分～14時
17時～22時
定休日　日（第2・4）
MAP▼P.118-⑮

【レストランぱいぱいのむら】
所在地　宮古島市平良字下里1657の128　宮古空港2F
電話　0980（72）0007
営業時間　8時～19時30分
定休日　なし
MAP▼P.118-⑯

南のはて、宮古島の居酒屋『うみんちゅ』の店内は、阪神の写真が数多くある。年に何回か店を閉めて甲子園に応援に行くマスター。阪神ファンは偉大だ！

来間島《くりまじま》

道に迷うのが楽しい巨大迷路の島
自分だけの海岸で、思い出に残る夕日を手に入れよう

A 来間島の自分だけの海岸。ムスヌン浜は少しメジャーになってしまったらしいので注意。

※来間島へのアクセス
宮古空港から車で25分程度。来間大橋を渡ってすぐ。

来間島は、宮古島から橋で渡ることができるもっとも手軽な離島で、僕のお気に入りの島である。1690メートルの一直線に伸びた来間大橋のドライブは非常に快適だ。

この島は、海岸に続く畦道がいろんな方向に広がっていて、巨大迷路のようになっている。車で行ったら間違いなく迷うので、ここではあちこちグルグル走りながら、迷うのを楽しんで下さい。

すると、やがて小さな海岸に出る。いくつもの名もない海岸があるから、ここでは「自分だけの海岸」を見つけてほしい。

どの海岸もまさにプライベートビーチで、シーズン中でも借り切り状態、カップルで来たなら、二人だけの隠れ家になる。この美しいビーチをぜいたくに独占しようではないか。

そこで、男なら彼女にこんなふうに言おう。

「ここを思い出の海岸にしよう。僕がおじいさん、君がおばあさんになっても、この海岸のことは忘れないでおこう、もし二人が別れることがあっても、君が結婚して子供ができて、いつかまた宮古島に来たときには、この海岸にきて今日のことを思い出してくれ。僕も必ずそうするから」

このような、〝思い出の海岸〟にできるのがこの島なのである。

オプショナルツアー

伊良部島／下地島

宮古島からすぐに行けるのが伊良部島・下地島。ここはヴィラブリゾートに宿泊するのをメインにした2泊3日プランを紹介する。

※伊良部島・下地島へのアクセス
船：平良港から伊良部島の佐良浜港まで、旅客船とフェリーが運航。旅客船が15分、フェリーが30分。レンタカーを持ち込む場合はフェリー利用。持ち込まない場合は、島内移動はタクシー利用。

1日目

【午後】宮古島・平良港発
↓
伊良部島・佐良浜港着
↓
ヴィラブリゾートの送迎でホテル到着
↓
ホテルのぜいたくなプライベート空間を味わいつくす
↓
【夕方】夕食（ホテルのレストランでは、漁師の島・伊良部であがった海産物を使う創作料理に力を入れている）
↓
ホテル泊

2日目

【午前】朝食
↓
【午後】プライベートプールやプライベートビーチでゆっくりと過ごす
↓
ホテルでは、島内観光を無料でサービスしてくれる。魚市場や下地島空港の観光も楽しい
↓
ホテル泊

3日目

【午前】朝食後、出発までゆっくり散策を
↓
伊良部島・佐良浜港発
↓
宮古島・平良港着

伊良部島・下地島

荒っぽい漁師の町だが島は穏やかでのんびり

宮古島から船で15分のところに伊良部島と下地《しもじ》島という隣り合わせた島がある。

伊良部島と下地島は、6本の橋で結ばれており、車で行き来できる。橋はどれも短いので、ひとつの島のようだ。

伊良部島は南洋カツオの一本釣りが有名で、漁業が盛ん。漁師、いわゆる〝海人《うみんちゅ》〟の島なので、昔から男たちが荒っぽく、酒呑みが多い。もしこの島でオトーリに遭ったら、ひたすら豪気に飲むしかなくなるので注意、である。

伊良部島で有名な海岸は『佐和田の浜』で、夕日の名所。遠浅の海に、大小の岩が点在している風景が独特である。岩のひとつひとつに名前がついているという。

下地島には、民間パイロットの飛行訓練場として有名な『下地島空港』があり、滑走路の近くで飛行機のタッチアンドゴーを見ることができる。また、二つの池の底が洞窟でつながっているダイビングスポット『通り池』が有名である。

A ヴィラブリゾート
所在地：宮古島市伊良部字伊良部817
電話：0980-78-6777　佐良浜港へ無料送迎あり。約10分。

B 佐和田の浜
日本の渚100選にも選ばれた夕日の名所。

C 下地島空港
訓練スケジュール問い合わせ
電話：0980（78）6265（いらぶ観光協会）

D 通り池
底は外海ともつながっており、そこを通って海面に出ることができる。

ヴィラブリゾート

客室が全6棟、全室プール付き
沖縄一の高級感とサービスを味わうなら
このホテルへ行け！

　ヴィラブリゾートは、客室が全6棟のオールヴィラのリゾートホテルである。

　各棟が独立していて、すべての棟がだだっ広いのに、プライベート空間が完璧に守られているのがなんともぜいたくだ。

　各ヴィラのテラスにはプライベートプールと、ベッドを備えた東屋《あずまや》がある。名物のアロマエステを頼めばどこでも来てもらえるので、この東屋でやってもらおう。なんともいえない開放感が広がるだろう。

　また、このテラスでは、ぜひとも夕暮れを過ごしてほしい。ワイングラスを傾けながら、海の色が少しずつ変わっていくのを眺めるだけで、至福の時間が味わえることを保証する。

　広い室内には、総大理石のバスルームとハリウッドスタイルのベッドルームがあり、何泊してもいいと思うくらいにくつろげる。テレビが家具の中に隠されていて、CDプレーヤーがしっかり準備されているところが心憎い。沖縄の他のリゾートホテルは音楽という要素があまり重視されていないので、この配慮はいいと思う。CDはバスルームでも聴くことができる。

　また、当然だがこのホテルはもてなしも一級。島内の観光や移動は無料で、何かと手厚くサービスしてくれる。いいホテルにはいいサービスがついているのである。

　宮古島よりもゆったり、静かに時間を持て余すには最高のホテルなのである。

オプショナルツアー

多良間島／水納島《みんなじま》

宮古島からは少し遠い
多良間島・水納島。
多良間島は広いので、
レンタカーの予約は必須。
水納島へのチャーター便の
予約も必要。

1日目

［午後］
宮古島・宮古空港発
※出発前にレンタカーの予約を忘れずに
↓
多良間空港着
↓
空港にキーをつけたまま置いてあるレンタカーに乗る。指定された雑貨店に料金を支払いに行くこと
↓
車で移動、近くの海や、昔の集落を散策する
↓
［夕方］
民宿着
民宿泊
※翌日のチャーター便の予約を忘れずに

2日目

［午前］
朝食
↓
［午後］
チャーター便で、水納島へ向かう
↓
水納島着、人口5人の島を散策する
↓
［夕方］
多良間島へ戻る
↓
民宿泊

3日目

［午前］
朝食
↓
［午後］
普天間港発
↓
宮古島・平良港着
（飛行機の場合）
多良間空港発
↓
宮古空港着

多良間島

位置的に注目されないが、
味のある島へ冒険してみる

※多良間島へのアクセス
飛行機:宮古空港から多良間空港まで約20分
船:平良港から普天間港まで2時間30分
島内移動は、レンタカーを持ち込むか、島内のレンタカーを利用。

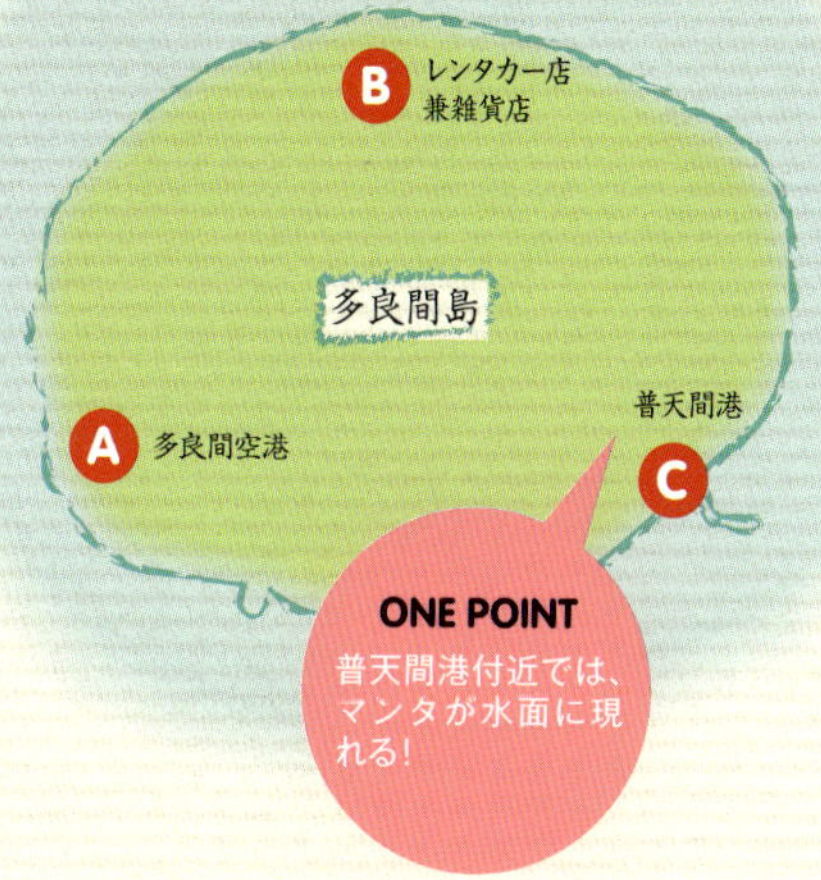

A 多良間空港
所在地:宮古郡多良間村仲筋2351の7
2003年10月に1500メートルの滑走路を持つ空港として新たに開港。飛行機や機材が大型化したことで運行が気象の影響を受けにくくなった。

B レンタカー店兼雑貨店
町の雑貨店がレンタカー店を兼任している。

C 普天間港
宮古島からの船や、水納島へのチャーター便などが発着する港。

多良間島に行ったことがある人はあまりいないと思う。なぜなら、位置的にちょっと中途半端だからである。

多良間島は宮古諸島に属しているが、位置的には宮古島と石垣島のちょうど中間あたり。宮古島に行く人は宮古島周辺にしか行かないし、石垣島に行ってしまえば、渡る離島がたくさんある。場所柄、多良間島に足を延ばす人はなかなかいないのである。

この島が気になっている人も多いと思う。なぜなら、石垣島に飛ぶときは必ず眼下に見えるからだ。見えるのに降りたことのない場所というのは妙に気になるものである。僕も十数年間、ずっと気になっていて、最近ようやく降りることができた。

この島はあまり沖縄っぽくない。どちらかというと、昔の日本の田舎を思い出させるような、不思議な雰囲気を持った島である。

村には高校がないから、子供たちは中学を卒業すると大半は島を離れ、宮古島や沖縄本島に行く。だから、島には大人や老人と、小さい子供しかいない。その間の年代の人が島にスッポリいないから、なおさら不思議な感じがするのだろう。

タイムスリップしたように感じる島、それが多良間島である。

水納島《みんなじま》

人口5人の島で浦島太郎になった気分を味わう
まさに“行くこと”が目的の島

ONE POINT
白い砂浜で何もしないのがこの島の楽しみ方

※水納島へのアクセス
船（チャーター便）：普天間港から20分。一便2万5000円

Ⓐ データからみる水納島
面積：2.15km²
周囲：8km
人口：5人
警察：なし
病院：なし
学校：なし
信号：なし

多良間島での旅の2日目は水納島に渡ろう。

船は高速船のチャーター便で2万5000円かかる。多良間島から約20分で着くのだが、東京や大阪からここまでの道程を考えると、よっぽど海外のほうが近いといえる。

でも、だからこそ値打ちがあると思う。そこで何かをすることではなく、まさに〝行くこと〟が目的。これぞ〝旅〟ではなかろうか。

島は一周で8キロ。本当になんにもない。もちろん、観光客やダイバーもほとんどいない。交通手段もないからひたすら歩くだけ。

ここにいると、自分が漂流して海岸に辿り着いた浦島太郎のように思えてくる。時間の経過がわからなくなる。ここでは1年も2年も同じようなもので、何年かたって助けられて帰ったらいつの間にか年を取っていた、というようなことがあってもおかしくない。

水納島はそんな時間が流れているのである。

多良間空港

39人乗りのプロペラ機で行く、まさにローカルな旅

宮古島から多良間島へは飛行機で行ける。39人乗りのプロペラ機である。

機内では「快適な空の旅をお楽しみ下さい」とCAさんがアナウンスするが、飛んでる時間は10分くらいなので楽しむ前に着いてしまう。ただ、僕が行ったときは多良間から石垣への便があった。現在は廃止になったが、それは9人乗りの飛行機。

まるで鳥人間コンテストのようだった。機内はワンボックスカーのようにシートを

どんどんなくなりつつある
9人乗り。
でもなんかいいんですよ、
この飛行機。
エンジンをかけようとすると、
ちょっとかかりにくく、
思わず後ろから「今日はやめますか？」
と言いたくなります。

前に倒して後ろの席から順番に乗り込む。9人目の席は、なんとパイロットの隣。

つまり助手席。シートの前には副操縦桿があり、そこには「さわらないで下さい」と手書きのシールが貼ってあるだけ。もちろん、空港では飛行機に乗る前に入念な保安検査をする。

でもよく考えたら、いくら乗客の持ち物検査をしても後ろの席からパイロットの首を絞めたら終わりやないか！　つくづく平和な島だと実感した。39人乗りの飛行機も基本的にそれほど変わる話ではない。とにかく、飛行機に乗るだけでもワクワクするのが多良間への旅である。

レンタカー店兼雑貨店

キーを差したまま空港にポイと置かれたレンタカー
確かに盗んでも逃げようがありませんが……

多良間島にレンタカーは3台しかない。予約しておくと、レンタカーはキーをつけた状態で空港に置いておいてくれる。それに乗ってレンタカーの店にお金を払いにいくという斬新なシステムだ。車が盗まれる心配はない。小さな島で逃げようがないからだ。

当然カーナビはない。車に積まれている地図を頼りに店を探すと、そこは『豊見城商店』という雑貨店。店の前に小さく「レンタカー」と書かれているだけ（注：このレンタカー屋を見つけるのは至難の業！）。見落とさないように注意が必要！　料金の設定は時間ではなく日にちで計算されるが決して怒らないでほしい。ちなみにこの島には信号機は1カ所しかない。子供やお年寄りには充分注意して快適なドライブをお楽しみ下さい。

【豊見城商店】
所在地　宮古郡多良間村字塩川86
電話　0980（79）2938
MAP▼P.118-⑱

夢パティオたらま

鈴木亜久里そっくりの
管理人さんが迎えてくれる

多良間島の村営宿泊施設。コテージ風の宿泊棟が5つ並んでいる。それぞれ、中で部屋が分かれているので友達同士で行ってもプライバシーは守られる。

まだ新しくてキレイなのも嬉しいところ。ここの管理人さんは優しい人で、顔は元F1レーサーの鈴木亜久里にそっくりだったのが印象的。

ここに泊まったときは真夜中でも関係なしに島の人たちがサインを求めて訪ねてきてちょっと困った。

1日で200枚くらいは書いたと思う。何より、この小さい島に色紙がこんなにいっぱいあるということに驚いた。そして、帰る日の朝、サインのお礼にとダンボール3箱分の野菜をもらったのにはもっと困った。帰りの飛行機9人乗りやっちゅうねん！

さらに、男風呂に行ったらバアさんが入っていたことがある。そんなときは、慌てず騒がずバアさんが上がるのを待って下さい。

【夢パティオたらま】
所在地　宮古郡多良間村字塩川18
電話　0980（79）2988
MAP▼P.118-⑱

郷土マリンサービスJAWSⅡ

このショップから水納島に渡ると、いいことがあるかもしれません

沖縄の各地でいろいろキレイな海を見てきたが、いままでで一番感動したのは間違いなく水納島である。水納島へ行くには船をチャーターして行くしかない。多良間島にある唯一のダイビングショップ「郷土マリンサービス」に相談してみよう。オススメのダイビングポイントはもちろん、水納島の素敵なビーチにも案内してくれる。グアムやサイパンに行くより時間もお金もかかるが、ホンマに値打ちがあります。ちなみに、本島の近くにある水納島とは別の島です。

【郷土マリンサービスJAWSⅡ】
所在地　宮古郡多良間村字塩川514の1
電話　0980(79)2452
チャーター便　2万5000円
MAP▼P.118-⑱

マンタの挨拶

別に特別な見学ツアーに行かなくても、マンタが当たり前のように浮かんでいる

多良間島の港には、なんとマンタが住みついていて時々顔を出す。マンタといえば水族館で見るか、ダイビングでも特別に「マンタを見るツアー」が組まれたりするほど貴重な存在である。でも、この島では当たり前のようにマンタを船の上から見ることができる。まるでその辺にいる犬や猫と同じように……いわゆる野良マンタである。

島の人が口笛を吹いたら本当に近づいて来た。飼いマンタか？

吉野海岸

白い砂浜を楽しむのが与那覇前浜ビーチなら、シュノーケリングを楽しむのはここがベスト。水際から岩礁が近いので、サンゴや熱帯魚が見られるスポットがすぐそこに。

所在地　宮古島市城辺字吉野
電話　0980(76)3189
(宮古島市経済部観光商工課)
遊泳期間　1年中
施設　シャワー・トイレ・パラソル
(レンタル)
遊泳料金　無料

ポタン

自然モノにこだわったアクセサリーがある店。センスがよく作りがしっかりしていると評判。木の実、黒サンゴ、タカセ貝、山猫のキバ、シルバーなど、いろいろな素材のチョーカーがおしゃれ。

所在地　宮古島市平良字西里13の1
電話　090(6639)8484
営業時間　10時～20時(夏季)　11時～19時(冬季)
定休日　不定休

丸吉食堂

宮古そばのうまい店。スープはダシの効いたニンニク風味で味わい深く、ソーキも煮込まれていてとろけるうまさ。デザートについている黒糖のアイスキャンディも嬉しい。

所在地　宮古島市城辺字砂川975
電話　0980(77)4211
営業時間　10時30分～18時
定休日　不定休

古謝食堂本店

宮古そばの老舗。地元客・観光客ともに大人気の有名店で、ここで食べるなら「うやき(金持ち)そば」。てびち・ソーキ・三枚肉・軟骨の四種の具の全部のせをぜいたくに味わえる。

所在地　宮古島市平良字西里165
電話　0980(72)2139
営業時間　10時～21時頃
定休日　不定休

アディッシュ

海岸通りにある創作イタリアンで人気の店。石窯で焼くピザや、島の野菜や魚介類を使った料理がおいしい。店内も広く、バーやレストランコーナーにエリア分けされている。

所在地　宮古島市平良字下里215の3
電話　0980(72)7114
営業時間　18時〜24時(日曜は17時〜23時)
定休日　月

BAR THINK 1988

宮古島にはバーが多いが、なかでも人気店がここ。オリジナルボトルをはじめとする、直輸入のシングルモルトウィスキーが充実している。オーナーはこの道30年のベテラン。

所在地　宮古島市平良字西里231の2F
電話　0980(73)6009
営業時間　18時〜翌1時
定休日　なし

ボックリーのチョッキ

本格的なワインと料理が味わえる。生ハム、パスタから惣菜料理まで、和洋を問わないメニューが充実しており、ワインを楽しむには絶好の店。地元客、旅行客ともに人気。

所在地　宮古島市平良字下里598の2
電話　0980(72)6644
営業時間　19時〜翌3時
定休日　不定休

津嘉山荘

宮古島で一番人気のある民宿。自分の畑でとれた野菜類と、ご主人がとってきた魚を食材にした食事は鮮度抜群で大人気。確かにおいしいので一度は味わっておくべき。

所在地　宮古島市下地字与那覇149
電話　0980(76)2435
料金　1泊5250円〜
部屋数　11室

Column 4

沖縄の食べものに期待するな

沖縄料理が人気らしい。だが本当にうまいのか？　僕の考えでは、沖縄の食べものには、全般的にあまり期待しないほうがいい、と思う。沖縄料理が好きで、東京や大阪でも沖縄料理店に通う人が多いようだが、僕にはその感覚はよくわからない。

正直言って、僕にとって沖縄の食べものはどれもギリギリ。代表的沖縄料理でもあるソーキそばを、東京で毎日好んで食べることはできるだろうか。うどんなら毎日でも食べられるが、毎日ソーキそばはキツい。僕にとって沖縄の食べものとは、沖縄にいる間だから食べられるジャンルの料理なのである。

あと、沖縄の離島の民宿に行くとおかしいのは、味噌汁にウインナーを入れて出してきたりすることである。海岸でとれるアオサを入れておけばおいしいのに、なぜかウインナー。

他にも、朝から草履みたいなステーキを出すところもある。量だけやたらと多くて、絶対食べきれないような夕食を出すのが自慢の民宿もある。しかもどれもあまりおいしくない。

このように、沖縄では食べものに関しては、ともかくどこかズレていることが多い。

僕は、なぜ沖縄料理がギリギリ（というかうまくない）なのか、その理由を以下のように考えている。

沖縄では、おいしいものを作っても暑いから腐ってしまう。保存が効かないから、当然のように加工食品が多くなる。料理方法もチャンプルのように炒めるしかない（だいたい沖縄の代表料理は炒めたものだ）。暑い地方の食べものは、他の国とか地域でもだいたい同じようなものだ。

また、使用される食材も限られていた。沖縄は平均所得が低くて昔から貧しかったから、牛ではなく豚を食べるようになった。牛を食肉として育てようとすると3年かかってしまうが、豚ならその3分の1である10カ月で大丈夫だ。豚は早く大きくなってすぐに食べられるから、沖縄では昔から豚を育てていたのだ。豚食文化が発達したのも、結局貧しさゆえなのである。おいしい牛を育てて食べる余裕がなかったのだ。

違う見方をすれば(かなり極論だとは思うが)、沖縄の食べものを考えるときに、僕はいつも北海道のことを思う。

冬の北海道は食べものが非常においしいが、そのペナルティのように寒くて、何もすることがない。

寒くてつらい冬。だから、せめてもの救いとしておいしいものが食べられる。毛ガニ、シャケ、イカなど、北海道を代表するおいしいものの旬は冬ばかりだ。雪の中で閉ざされて退屈ですることがない。だから食べるのを楽しみにするしかないのである。また、寒いから栄養のあるものを食べて、脂肪をつけなければならない。

ある宿の夕食。なんで味噌汁の具がウインナーやねん？　なんでサンマの開きを油で揚げたん？　なんでゴハンに黄色い粒が入ってんの？

北海道とは真逆に、沖縄は食べものがちょっとまずいが、夏は暑く、青い空と青い海が存分に楽しめる。

一年中、どこにも動くことが簡単で、ずっと活動することも遊ぶこともできる。そんな恵まれた場所の食べものがまずいというのは、ある意味、当たり前だ。そこでおいしいものを求めてはいけない。というか、おいしいものを食べる必要がないのである。

極端な話、沖縄で北海道の食べものが食べられたら、みんな沖縄に住んでしまうのではないだろうか。逆に、北海道で沖縄の食べものだったら誰も北海道には住まないかもしれない。

だから人は、日本全国の北から南までまばらに平均化して住んでいるのである。自然はよくできているなあ、と感心するような話なのである。

Column 5

沖縄で絵を描くこと

僕は絵をずいぶん前から描いている。初めて聞いた人は意外に思うみたいだが。しかしこれが、なかなか精神状態の維持に役立つのだ。でも、その絵も最近は沖縄に行ったときだけしか描かなくなっている。

というのは、普段の生活では、絵を描きたいと思うテンションにどうしてもならないからだ。沖縄に行ったときだけ、そんなテンションになる。

東京や大阪では、たとえ時間があっても描けない。描かないのではなく描けないのだ。一日まるまる休みがあっても、なぜか描こうと思わない。

それはたぶん、街にいるときの僕の心がざわついているからだ。時間があったとしても、「どこかに行こうかな」「誰かから電話がかかってくるかな」と、なかなか落ち着かない。

それに対して、沖縄に行ったとき、僕の心の中は凪《なぎ》状態になる。何も考えない状態になれると言おうか……。そんなとき自然と、「絵を描こうかな」と思う。

僕の絵は細かいから、心が本当に凪状態でないと描けない。急いで描こうとしても無理である。根気のいる小さい絵だから、本当に穏やかで静かでないとダメなのである。だから沖縄でしか描けないのだろう。

そんなことに気づきだしてからは、旅行鞄には必ず絵の道具を入れていくことにしている。沖縄の宿泊先などで、部屋の窓を開け放し、そよそよと入ってくる風を感じながら絵を描いていたら、本当に穏やかな気持ちになれる。

描いているときはなんにも喋らない。なんにも考えない。ずーっと集中している。だから2時間くらいかけて一枚描き終わったらもうぐったりしてしまうほどだ。僕にとって、沖縄とはそんな時間を過ごす場所でもあるのだ。

だから、沖縄にゆっくり過ごしにいく人には、一度、絵手紙に挑戦してみてほしいと思う。大げさに「絵を描こう！」というのではなく、手軽に「絵でも描いてみようか」というくらいの気持ちでいい。絵手紙なら、出す相手を考えるのも楽しいだろう。

ホテルの部屋で絵手紙を描く。ハイビスカス一つでいい。人間は子供のときは絵が下手だと思っているが、大人になったら結構描けるものなのだ。

この前、月に1回沖縄に行く知人に画材道具を差しあげた。

「私は絵心がないんです」

と言うから、

「いっぺん描いてみ。夜、子供が寝たあとや、寝れないときや暇なときに別荘で絵を描いてみると楽しいよ」

と言ってみた。仮に僕の話を聞いて、「そうか、俺も絵を描いてみようかな」と思っても、最初は何を買っていいかわからないだろうから、必要な画材道具を渡したのである。

天気が悪かったので波照間の民宿で友達に絵手紙を描く。昔、岸本加世子ちゃんに絵手紙を送って、数カ月後彼女の家に行ったら飾ってあって、僕が感動！

その人は、自分が人生で絵を描くことなんてまったく考えていなかっただろう。でも人間にはきっかけが大事である。ひょんなことから絵を描いてみて、初めて自分がそのようなことが好きだったことを発見することもある。

画材を渡すことによって、その人の人生の何かが変わるかもしれないのだ。

僕は絵を描くようになって、心が凪状態になることの大事さを知った。心がざわつくような環境から抜け出して、南の島の片隅で心を凪状態にしてみる。そうすると普段は忙しくて見えていないものが、見えてくることもあるのだ。

僕も人に勧められて絵を描いて、それに気づいたクチだ。だから、沖縄に行く人にはどんどん絵を描くことを勧めたいと思っている。

Column 6

男同士で行くなら、何でも冒険になる

男同士で沖縄に行く場合は、何をどう楽しむべきだろうか。

一言でいってしまえば、男同士なら女の子と行くときと違って、少しくらいはすべってもいい。逆にいえば、すべることすら楽しめるものなのだ。つまり、男同士は非常に簡単で、すべったり上手くいったりを楽しむ〝冒険の旅〟ができるということである。

だから、旅にテーマを持っていくといい。「行ったことのない離島に行ってみる」「秘境の島を冒険してみる」「バックパッカーを体験してみる」「無人島キャンプをやってみる」など、テーマを持てば沖縄の島々はいくらでも期待に応えてくれる。

ナンパ目的で行くなら沖縄本島がいいだろう。シーズン中でそこそこのリゾートホテルなら、なかなかきれいな女の子の二人連れがたくさんいる。石垣島でナンパもいいが、離島を旅する女の子はなぜか志が高すぎてちょっと変わった子が多いので、そこだけは注意しなければならない（これもすべってもいい覚悟があればチャレンジしてほしい）。

那覇の歓楽街へ行くのも冒険だろう。最大の歓楽街である松山の通りでちょっと立ち止まれば、たちまち50人くらいの客引きに囲まれること請け合い。歓楽街ではどの店に行ってもたいして変わらないから、あまり神経質になって店選びをする必要だってない。そんな店で、地元の女の子が客には関係ないように、水のようにぐいぐい泡盛を飲んで泥酔する姿を見ているのも、すべっていて楽しいはずだ。

飲んでホテルに帰るときにも冒険は待っている。帰るためにタクシーに乗ったら、運転手さんにエッチな話を振ってみよう。気を利かせた運転手さんに、いきなり変なところに連れていかれることもたびたび。これも冒険だ。

離島へ行くと、各島でキャバクラの料金体系が違うのがおもしろい。

石垣島のあるキャバクラのキャッチが、「お一人様90分３０００円ポッキリ！」というので、これは話半分、女の子のドリンクやボトルを入れると数万円だろうが、まあ仕方ないだろうと思いつつ店内へ入る。やがて90分が経過。すると男性の店員が近づいてきて「そろそろお時間なんですが、延長されますか？」と聞いてきた。『ほらきた、延長したら急に値段を上げるのだろう』と思いつつ「延長料金いくら？」と尋ねてみると、店員は真面目な顔で、

「お一人様30分につき１０００円です」

その瞬間「そのままやないか！」と、思わずみんなで突っ込んだ。石垣島のキャバクラは、日本一良心的かも。

対して宮古島は時間制ではなくボトル1本でいくら、というこれまた非常にわかりやすい会計システムだ。だから店の女の子は誰もが自分の身体を張ってぐいぐい飲む。飲む、飲む、飲む……。気がつくと2本目、3本目と空けられてしまい、すぐに一人1万円近くになってしまう。さすが、オトーリの島である。

チームオタク。

日本中、いや世界中どこにだって、「おもろいスナックはない」「おもろい学校はない」という。つまり元々おもしろい場所など存在しないのだ。おもしろいというのは、「誰と行ってどう努力するか」で決まるということだ。

旅とはそういうものである。男同士で行く沖縄の旅は、とにかくどこに行ってもアクシデントがつきものだし、予定調和なんてありえない。すべることばかりである。逆にすべったほうがおもしろいし思い出にだって残るものだ。

一緒に行った者同士で、何があってもおもしろくしていくのが男同士の旅の醍醐味。そんな旅は実に楽しいものなのだ。

南の島

作詞　島田紳助　作曲　高原 兄

つらい顔するな　今夜はするな
「若い時は…」なんて言わず今を生きようぜ
あの日の俺たちに伝えてやろうぜ
「まだまだ元気にしてる」と二十歳の自分に
仕事に負けてなんかないよ　疲れてなんかいやしないよ
だってこんな風に会えるから
今夜も仲間と美味い酒を飲む「頑張ろうな」と語り合う
今夜も仲間と南風を感じ「頑張ろうな」と歌い合う

今年も来れたな　南の島に
街のざわめきが緩やかに波音に変わる
俺たちは果てしない夢を　まだ見続けるガキのままか？
眼だけ輝かせたガキのままか？
今夜も仲間と美味い酒を飲む「頑張ろうな」と語り合う
今夜も仲間と南風を感じ「頑張ろうな」と歌い合う

また去年より一つだけ　歳とったなんて言うなよ
歳とる分だけ絆が厚くなる
今夜は朝まで話そう　ずっとずっと笑っていよう
仲間が戦場へ行く前に

今夜も仲間と美味い酒を飲む「頑張ろうな」と語り合う
今夜も仲間と南風を感じ「頑張ろうな」と歌い合う
「頑張ろうな」と歌い合う

石垣島 3泊4日の旅

石垣島は、その先の離島に渡るための中継点だが、もちろん島そのものにも見どころはたくさんある。初心者ならゆっくり3泊して、１日だけ竹富島に日帰りで渡って離島気分も味わってほしい。

1日目

［午後］各空港発

←石垣空港着

←［夕方］石垣島のホテル着

ホテル泊

2日目

［午前］石垣島最北端の平久保崎までドライブ

←［午後］「TOMURU」で遅めの昼食を

←吹通川《ふきどうがわ》のマングローブ・米原のヤエヤマヤシ群落

←川平湾。一番有名な観光地

←［夕食］一度は石垣牛を食べてみる

ホテル泊

3日目

［午前］朝食

←離島桟橋

←（船・竹富島へ）

←【竹富島】自転車を借りてゆっくり回る。コンドイビーチで海水浴もいい

←（船・石垣島へ）

←ホテル泊

4日目

石垣空港発

←各空港着

石垣島

八重山の離島への玄関口
まずは石垣島を楽しんでから

沖縄の初心者が勘違いしやすいのは、石垣島は名前が売れているので、石垣島そのものを目的地だと思ってしまうことだ。

そう思って石垣島のリゾートホテルを全泊予約してしまい、行ってみたら毎日あんまりすることがなかったと言って帰ってくる人が意外と多いのだ。

あまりに退屈だから、ちょっと勇気を出して、船で10分で行ける竹富島に渡ってみたら、昔の沖縄が残っていてすごくよかった、石垣島に行けてよかった、と言って、次こそはいろんな離島を目指そうと考える人が多い。

そこで初めて、石垣島に来ることは、その先の離島、つまり八重山諸島を楽しむことで、石垣島はその玄関口なんだということに気づく。知っている人には当たり前のことでも、行ったことのない人はどうしてもイメージがつかめないものなのである。もし勇気を出して竹富島に渡らなかったら、その人は一生離島の楽しみとは無縁だったのかもしれないのだ。

だから、このプランでは、石垣島そのものと各離島をバランスよく楽しめるように工夫した。石垣島の初心者なら、石垣島を充分楽しんで、一日だけ竹富島に日帰りで行ってほしい。それで離島が好きになったら、2度目以降は、より離島に重点を置いたプランを作ればいい。

そのために、八重山諸島の中でも、より特長のある離島を選んでオプショナルツアーとした。石垣島の旅程とうまく組み合わせて、あなた自身の旅を作ってみて下さい。

※石垣島へのアクセス
国内各空港より2時間～3時間弱で石垣空港着。
石垣空港から離島桟橋がある中心市街までは車で10分程度なので、循環バスかタクシー利用が便利。

A 川平湾
日本百景に選ばれている石垣島一番の観光スポット。サンゴをみるグラスボートは大人1000円。

B TOMURU
所在地：石垣市伊原間231-12
電話：0980-89-2489
アクセス：石垣空港から車で40分

C ANA Hotel & RESORT ISHIGAKI
(石垣全日空ホテル＆リゾート)
所在地：石垣市真栄里354-1
電話：0980-88-7111
アクセス：石垣空港から車で5分

D ホテルピースアイランド石垣イン八島
所在地：石垣市八島1-1-2
電話：0980-82-0600
料金：1泊朝食付き 6800円～　アクセス：石垣空港から車で10分。離島桟橋まで徒歩3分

川《か》平《びら》湾

観光地化されすぎているが、一度は行っておきたい川平湾

石垣島での観光地といえばまず川平湾。日本百景にも選ばれた、エメラルドグリーンの海に島々が浮かぶ素晴らしい景勝地である。

だが、ここはあまりに観光地化されすぎていて、いまでは伊豆とおんなじ。シーズン中に行くと駐車場に車を停められないこともあるくらい。

石垣島が初めてなら1回は行っておくといいが、あくまでその程度。グラスボートで珊瑚礁やきれいな魚を見ることができる。

僕の喫茶店『TOMURU』のレシートを持っていくと、グラスボートが半額になるので、『TOMURU』に寄るのなら、川平湾に行く前がいい。

ドライブコース

程よく散らばった観光名所が1日ドライブにちょうどいい

石垣島は広いので、川平湾以外でも、石垣らしい観光名所はいくつもある。

北から行くと、まず最北端の平久保崎。海をバックに岬の先端に立つ灯台がなかなかかっこいいので、撮影スポットとして使える。

少し下ると、玉取崎展望台がある。ここから平久保崎まで一望でき、海や緑の眺望がいいので、ここもいい撮影スポット。

天然記念物である米原のヤエヤマヤシ群落も壮観。10メートル以上あるヤシに囲まれた涼しい遊歩道は歩くのに気持ちがいい。

また、石垣島最大級のマングローブ林が広がる吹通川《ふきどうがわ》では、亜熱帯の秘境的風景が見られる。わざわざ西表島まで行かなくても、ちょっとしたジャングル気分を味わえるともいえる。

石垣島観光

石垣島でも本格的な マングローブカヌー体験ができる

カヌーといえば西表島の深いマングローブを連想しがちだが、西表島に渡らなくても、ここ石垣島でカヌーは充分楽しめる。

それがこの石垣島観光。石垣市街から車で15分くらいのところにある宮良川をカヌーでさかのぼるツアーを催行している。

宮良川を探索するコースには2パターン。1時間半のショートコースと3時間半のロングコースがあるが、ショートコースでも充分。ベテランのおじぃがガイドをしてくれるので、初体験の人でも簡単に安心して乗ることができる。

おじぃがガイドの場合、理科の授業のように本気で植物の説明が続きます。断っても延々と続くので注意！

ツアーでは、マングローブの森の中をカヌーでさかのぼり、途中、洞窟をくぐったり、干潟に立ち寄ることもでき、気分は完全に秘境の旅。男8人で行ったのだが、すっかり「おっさんの遠足」状態。

ただし、はしゃぎすぎて、カヌー同士で競争などはしないで下さい。岩に座礁して転覆すると非常に危険です。絶対に我々の真似はしないで下さい。

さて、ツアーでは、濡れてもいい靴や、小物を入れるウェストバッグなどは貸してくれるが、予想以上に水がかかるので、デジカメには注意すること。首から掛けるストラップや、少々値は張るが、マリンパック（防水ケース）を持って行ったほうが絶対に安全です。

【石垣島観光】
所在地　石垣市宮良216
電話　0980（86）8686

○マングローブカヌー体験（所要時間　約1.5時間）＝ガイド料　大人3000円
○マングローブカヌー＆トレッキング（所要時間　約3.5時間）＝ガイド料　大人6000円
MAP▼P.119-㉒

TOMURU

ここのテラスで海を眺めながら コーヒーを飲むと、あっという間に何時間もたってしまう

ホテルで朝食をとり、レンタカーで観光しながらブラ～ッと走ってお腹が空いた頃、休憩がてら少し遅めの昼食をとってもらえたらと考えて作ったのが僕の喫茶店『TOMURU』。メニューは特製の石垣ビビンバやカレーライス、ホットドッグなどがある。食事もそうだが、僕が一番気に入っているのは目の前に広がる海。

テラスでコーヒーを飲みながらボ～ッと海を眺めてほしい。実に穏やかな気持ちになれるから……。そして、気が向いたらで結構です、僕の描いた絵のポストカードが売っているので誰かに手紙を書いてほしい。どれも僕の好きな沖縄の風景が描かれているので旅の気分が伝わると思う。

『TOMURU』は、2005年にオープンした。小さな島の喫茶店だからなかなか採算も合わないだろうが、『南の島の喫茶店のマスターはカッコいいんじゃないか』と思ったからだ。

海の見える喫茶店のテラスでゆったり過ごす。そんな空間を作っておまけに自分も過ごせたらいいなと何年も前から夢見ていた。おかげで僕はお客さんがそこでコーヒーを飲むときの何十倍もの幸せを得ることができた。それは、ここでコーヒー一杯を飲むためだけにこの店を作ったからだ。よかったら是非一度来てみて下さい。ここのテラスにいたら幸せな気持ちになれることを保証します。

店長の清浦が満面の笑みで迎えますので来て下さいね。僕の描いた絵もたくさん飾ってます。見て下さいね。

名もない海岸

人っ子一人いない海岸を見つけて、自分のものにする。それが〝通〟の楽しみ方

僕は、どの島に行っても地図にない小さな名もない海岸を見つけるのが好きだ。

わざと道を間違えて、誰もいない自分だけの海岸を探す。海岸を歩きながらいろんな生き物や植物をデジカメで撮影する。変わった貝殻をつけたヤドカリを見つけたら、ものすごく幸せな気分になる。友達と来たときは『誰が一番素敵なヤドカリを探すか』競争する。夢中になると2~3時間はあっという間に過ぎてしまう。石垣島には、こんな名もない海岸がたくさんある。ドライブに行くなら観光地巡りもいいが、自分だけの海岸を探してみよう。

このヤドカリはなかなかイケてました！

離島桟橋

沖縄でもっともリピーターが多い場所、かもしれない

離島桟橋は、石垣島の出口、つまり各離島への入り口である。

ここは、多くの旅に出る人や帰って来た人たちが行き交っていて、1年中テンションが高い。これから旅に出るワクワク感や、帰ってきた人の満足げな、かつホッとした雰囲気が直接伝わってきて、何だか楽しい。そんな中、オリオンビール片手に船を待つ。

そして、いったん船が動き出すと、身体はすっかり〝旅〟モード。

ともかく、離島好きになると、数限りなくここに足を運ぶことになるのである。

行く離島や、高速船、フェリーの違いによって乗船場所や船会社が異なるので、しっかり調べてから行くこと！

ANA Hotel & RESORT ISHIGAKI（石垣全日空ホテル＆リゾート）

おみやげに、そして旅の記念には、珊瑚礁のストラップがいい！

石垣島最大のリゾートホテルといえばここ。空港からも石垣市街からも車で10分程度の便利な立地にある。

広大な敷地に、帆船をイメージした壮大な建物が建っていて、このホテルに着くと、改めて「南の島に来たなあ」という実感が溢れてくる。

リゾートホテルとしては、スパ、エステ、インドア・アウトドアプールに白砂のビーチなど、必要な機能をすべて兼ね備えており、長期滞在でのんびり休むのには最適。リゾートホテルの中でも歴史があり、サービスが実にしっかりしている。

宿泊館は3つのバリエーションに分かれており、それぞれの眺めや設備、部屋の広さなどで微妙に値段や部屋のグレードが変わってくるので、予約するときには少し調べてからにしたほうがいい。

また、石垣の旅のおみやげには、このホテルの売店『工房　みいや』で売っている携帯ストラップが最適！　ちなみに僕はここの七福神シーサーのストラップが気に入っていて、自分の携帯電話にもつけている。

この店はどれも手作りのオリジナルで、デザインがほんとにオシャレ。ホテルに宿泊してこの店で買い物をしていったお客の評判で、本土から注文がくることもあるらしい。リピーターも多い評判の店で、大阪でディレクターをしていた人が石垣島に移住して開店した。一度は立ち寄ってみて下さい。

店の場所は、新館のフロントに入ってすぐ左のワゴンショップです。

ホテルピースアイランド 石垣イン八島

離島桟橋に近くて何でも揃っている。離島の旅のベースにするのに絶好のホテル

石垣島は離島へ渡る中継地点なので、ホテルもなるべくなら離島桟橋に近いほうが便利である。

その絶好のロケーションと豪華なワンルームを兼ね備えた新しいホテルがここである。オープンは2006年。できたばかりだ。

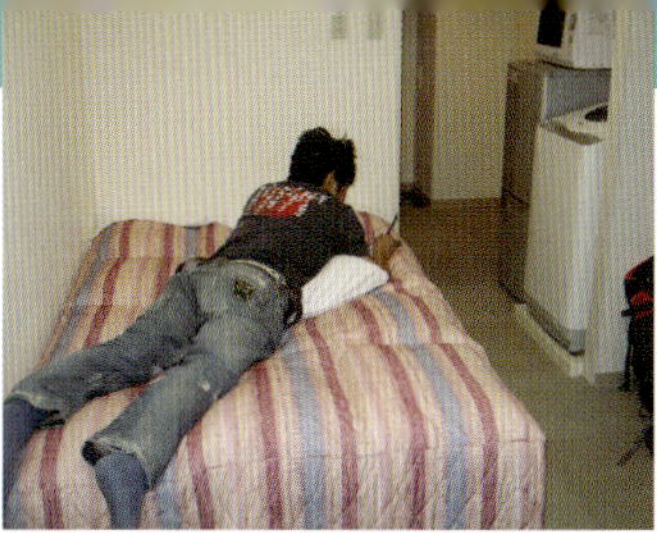

いままで、このあたりは古びたビジネスホテルのようなものが多く、結局、民宿か、ちょっと離れたリゾートホテルに泊まることが多かった。だが、民宿はいまひとつ清潔でなかったりですべることも多く、リゾートホテルはどこもちょっと遠くて移動が面倒だった。

だから、ずっとこのあたりに小綺麗なホテルができないかなと思っていたら、このホテルができた。これが期待以上だった。

部屋はワンルームだが、冷蔵庫に洗濯機、電子レンジまでついている。テレビは新しい液晶テレビで、ツインルームにはキッチンまでついており、ともかく便利なことこのうえない。共用だが、インターネットに接続されたパソコンとプリンターも無料で使える。

あと、朝食もなかなか豪華でうまい。これで1泊6800円である。

近くの民宿に比べたら少し高いかもしれないが、プライバシーを大事にできてこれだけ気持ちがよければそう高くないはず。

ともかく、離島への旅のベースにするのに、いまもっともオススメのホテルである。

焼肉金城 石垣島

提携牧場から直送された石垣牛は絶品です

石垣市の繁華街の中心にある「ホテルピースランド石垣島」の1Fにある焼き肉店。

石垣島に行くと、僕は必ずこの店に行って焼き肉を食べている。ここは、提携している牧場から石垣牛が直送されるので、非常に安くておいしい肉が食べられるのだ。

ディナーでも充分安いが、600円のランチがあるランチタイムがオススメ。地元ではかなり有名店らしく、混んでいることも多いので注意。

近くに姉妹店があり、定休日が違うので、せっかく行ったのに休みで食べられなかったということはない。

【焼肉金城　石垣島　美崎店】
所在地　石垣市美崎町11の1
ホテルピースランド石垣島1F
電話　0980(84)2929
営業時間　11時30分～15時
17時～24時
定休日　火

【焼肉金城　石垣島　浜崎店】
所在地　石垣市浜崎町2の3の24
電話　0980(83)7000
営業時間　11時30分～15時
17時～24時
定休日　水

MAP▼P.118-⑲

島料理の店 南《ぱい》の《ぬ》島《しま》

ここの沖縄料理は、沖縄じゅうで一番おいしいかも……

市街地にある沖縄家屋の店。昼はチャンプルなどのボリューム満点の定食、夜は沖縄料理居酒屋。

ここの沖縄料理は、もしかしたら沖縄全体の中で一番かもしれない。どのメニューを頼んでも、まず外れることはない。

地元の海人《うみんちゅ》（＝漁師）から直接仕入れたミミジャー（ヒメフエダイ）やアカジン（スジアラ）などの地魚料理が自慢。八重山そばやソーミンチャンプル、豚の足てびち、珍しいものでは猪肉のチャンプルなど、どれも実にうまい！

路地の中にあるので、少しわかりにくいが、ともかくオススメなので、探して行くべし。

【島料理の店 南の島】
所在地　石垣市大川224
電話　0980(82)8016
営業時間　11時～15時
17時～23時
定休日　日

MAP▼P.119-⑳

お好み焼き ○《まる》じゅう

沖縄であえて食べるお好み焼きが新鮮！

関西から移住してきた若いご夫婦がされているお好み焼き屋さん。昼食の八重山そばに飽きてきたなと思ったところに行くと、おいしさも倍増。

自家製のマヨネーズとソースが自慢で、ボリュームたっぷり。あえて沖縄で食べる関西風の味わいがなんともいえない。

あと、この店の特長は奥さんが美人なこと。

僕の同級生の堤くんはみんなで行った翌日に一人でこっそり食べに行き、「おいしかったから、2日続けて行ってしまいましたわ」とニヤニヤしていたが、あれは間違いなく美人の奥さんと喋りたかったからである。

沖縄でのお好み焼きは、そんな楽しみも持ちながら食べるべし！

【お好み焼き　○じゅう】
所在地　石垣市字登野城1の13
電話　0980(88)7702
営業時間　12時〜15時
17時〜23時
定休日　木

MAP▼P.119-㉑

エレファント・カフェ

離島から帰った夜は、ここでカクテルを一杯

この店はすごく雰囲気がよくて気に入っている。どこがいいのか説明できないが「なんかいい」。石垣に行くと必ず立ち寄る。

旅で行くなら、離島の帰りがいいかもしれない。さっきまでいた遠くて寂しい離島から船で戻ってきてホッとしたところで、このバーに立ち寄る。いきなり都会に戻ってきたような感覚の中、静かに飲むのは、泡盛よりもカクテルのほうが似合う。

【エレファント・カフェ】
所在地　石垣市大川258レオビル6F
電話　0980(88)5750
営業時間　20時〜翌3時
定休日　水

MAP▼P.119-⑳

竹富島

“沖縄らしさ”を
映画のセットのように仕立てた島

A コンドイビーチ
町から自転車で10分程度

B 水牛車観光
竹富島観光の定番。サンゴ石の小道を水牛車に乗って進む。案内のおじぃが弾く曲はこの島ゆかりの『安里屋ゆんた』。牛車にゆられて、町をぐるりと一回りして約40分。

※竹富島へのアクセス
石垣島離島桟橋から船で10分。島内の移動は、レンタルバイクか自転車。レンタカーはない。

竹富島は石垣島から一番近い離島である。

船で約10分と近く、小さい島なので最初に行く離島としては安心できる。それでも、「ああ、遠くへ来たなぁ」と実感してしまうところが離島の不思議さである。日帰りでも充分楽しめるが、ゆっくり過ごしたいなら1泊がオススメである。

この島はまるで映画村のようだ。〝沖縄〟を忠実に再現している。例えば「沖縄ってどんなところ？」と聞かれれば「竹富島」と答えればよい。だが、それが本物かというとちょっと違う。〝古きよき沖縄〟のオープンセットといえばいいだろうか。

ともかく、自転車を借りて、その〝古きよき沖縄〟を回るのがいい。三線を弾きながら赤瓦の町並みを回ってくれる水牛車観光もある。

自転車で港とは反対側に走るとコンドイビーチに出る。

ここは八重山でも屈指のビーチ。遠浅で、干潮時は沖まで歩いていける。きれいなのはもちろんだが、ここはあまりに静かで、しばらくいると時間の感覚がなくなってくる。ゆっくり過ごすためには最適のビーチである。

オプショナルツアー

小浜島／黒島／西表島／波照間島

ここでは、石垣島から船で渡る4つの離島を紹介する。各島とも違った見どころがあるので、最低でも2泊はするべき。石垣島と組み合わせて、それぞれのプランを作って下さい。

1日目

［午前］離島桟橋発

↓

（船・各島へ）

所要時間
小浜島　約25分
黒島　約25分
西表島　約40分
波照間島　約60分

【小浜島】ドラマ「ちゅらさん」が好きならロケ地巡りを。昔ながらの島の面影の散策もいい

【黒島】島内散策・できれば島の人と触れ合い話す

【西表島】マングローブを眺める遊覧船ツアー、またはカヌーツアーへ

【波照間島】島内散策。バックパッカーと出会って人生勉強(?)を

2日目

各島で島内散策

↓

［夕方］ホテル泊

3日目

［午前］朝食後、船で石垣島へ戻る

↓

石垣島・離島桟橋着

小浜島

「ちゅらさん」だけではない
島の魅力を味わってほしい

※小浜島へのアクセス
石垣島離島桟橋から船で約25分。
島内はバスが運行。バス停がないので、運転手に降りたい場所を告げるシステムになっている。
坂が多いため、レンタルは自転車よりも車かバイクがベター。

A はいむるぶし
所在地：八重山郡竹富町小浜2930
電話：0980-85-3111
アクセス：港より送迎バスで10分

B ちゅらさん展望台
ちゅらさん遊歩道にある展望台。ここからドラマに出てくるガジュマルの木が見える。

C シュガーロード
島の南東から北西へまっすぐ続く一本道。この道もドラマのロケ地として有名になった。道の両脇にはサトウキビ畑があり、途中にある一本松は逢い引きの場所だったという。

小浜島は、ドラマ「ちゅらさん」で有名になった島である。ロケ地などもあり、女の子には人気が高い島だからすべらない。

だが、あまりに「ちゅらさん」ばかりで、ちょっとやりすぎじゃないのかと思うのも事実。石垣島から乗った船の救命用の浮き輪にまで「ちゅらさん」の文字が。観光スポットも、ちゅらさん展望台・ちゅらさん遊歩道・こはぐら荘・ガジュマルの木・シュガーロードときりがない。

だから、やはりドラマだけではないこの島の本当の魅力も味わってほしい。

島のかなりの面積を占める大型リゾートホテル「はいむるぶし」は、南国の植物が生い茂り、ニワトリやアヒルが歩き回るという自然派のホテルで、居心地がいい。

また、島の所々にこぢんまりとした昔ながらの集落が残っているので、ドライブがてら散策するのもいい。道中で馬や牛、山羊などに遭遇するのも楽しい。

黒島

へこんだときの一人旅に最適
“忘れられた島”で癒される

A 「日本の道100選」に選ばれた道
道の名前：沖縄県道213号黒島港線
起点：八重山郡竹富町黒島東筋
終点：八重山郡竹富町黒島保里（黒島港）
総延長：2.44km

B しま宿　南来《なんくる》
所在地：八重山郡竹富町黒島412
電話：0980-85-4304
料金：1泊2食付き　5500円

C セルフの店　南見屋《パイミヤ》
所在地：八重山郡竹富町黒島1499
電話：0980-85-4808
営業時間：8:00 ～ 17:00
定休日：不定休

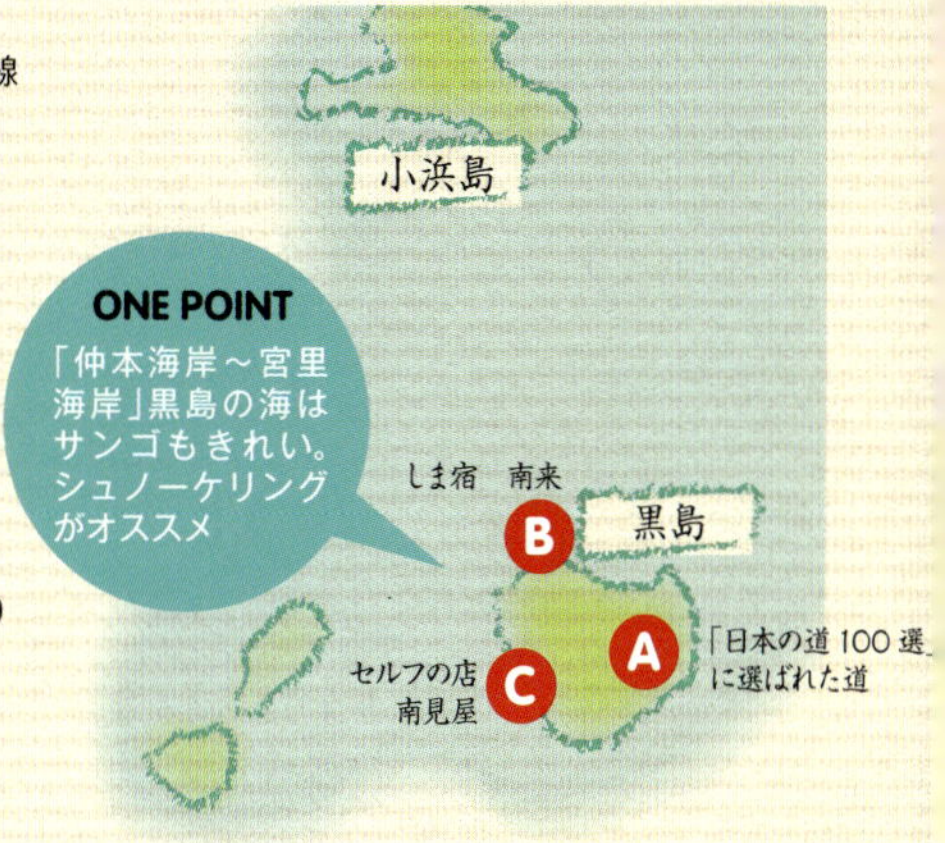

※黒島へのアクセス
石垣島離島桟橋から船で約25分。島内移動はレンタサイクルがオススメ。

黒島は、八重山諸島の中では忘れられた島といわれている。

というのは、八重山諸島の中でも、石垣島や竹富島はもともと有名な島、西表島は大秘境で有名、小浜島はドラマ「ちゅらさん」、鳩間島はドラマ「瑠璃の島」、波照間島は「日本最南端」、与那国島は「日本最西端」の国境の島としてそれぞれウリがあって有名なのである。

この中で忘れられているのが黒島だ。人口は230人でひとつの国のようになっている。ここに無駄な人はいない。代わりに牛が2000頭以上飼育されている。

この島には何もない。竹富島や小浜島のように観光地化されていない、何もない島だからこそ、ここはいいと思う。本当にぼんやりすることができる場所なのである。

だから、僕はこの島に一人旅で来ることを勧める。へこんだときは、騒がしくなく、変なバックパッカーもいないこんな島が一番である。ここで出会った人と話して、島での生活に触れていろいろと感じてほしい。

石垣島からは日帰りでも来られるが、ここには最低でも2泊するのがオススメ。一人旅なら、何もないところに2日間いて、何かを感じ、考えることが大事なのである。

「日本の道100選」に選ばれた道

この島でしか見られない本当の〝昔の沖縄〟

黒島には本当の〝昔の沖縄〟がある。

竹富島から帰ってきた人がよく、

「竹富島はすごいですね、昔の沖縄がそのまま残ってます。感動しました」

と言っているのを聞く。

だが、本当の〝昔の沖縄〟は黒島である。昔、沖縄の人はこうやって暮らしてきたのだろうという民家や、おじぃ、おばぁがいるのである。

黒島の人たちも、開発庁などの役人から、

「島のために何をしてほしいですか？」

と聞かれても、

「何もしてほしくない！」

と言うらしい。

「この島を放っておいてくれ。人口が増えても困る。ここには仕事もないし、移住もしてほしくない。我々は我々で暮らしているんだ」

という具合に。なんとも骨太でカッコいいではないか。

さて、黒島に行って集落を歩くと、「なんだこれ？」と驚くことがある。

「日本の道100選」に選ばれているほどの場所なのだが、そこには、何もない。

それが本当の沖縄だ。

「40、50年前は、どこもこんなだったんだろうな」と思える風景が、黒島にはたくさん残っているのだ。

だから、まず黒島に着いたら、この道を歩いてほしい。

そして〝昔の沖縄〟を実感してほしい。

古民家

昔の壁を持つ黒島の民家こそ オリジナルの沖縄なのだ

　黒島のどこが〝昔の沖縄〟かというと、民家の造りである。

　たとえば、どの家も庭に石を積んだ壁がある。いかにも沖縄っぽいと感じられる壁なのだが、いまは石を積んでもそこに隙間を作ってはいけないことになっている。なぜなら、昔のように石だけ積んだら、できた隙間《すきま》にハブが住みついて危険だからである。

　いまでは、新しく家を建てるとしたら、コンクリートの壁に形だけ石を貼ることになる。そして石だけ積んでいる古い壁には、その隙間にコンクリートを流し込まなければならない。

　その整備は、たとえば竹富島ならほとんど行き届いている。でも、黒島は行き届いていない。だから、黒島の家の壁にはハブが入り放題なのである。

　そういう意味でも黒島は本物だ。竹富島を見て「ここに昔の沖縄がある」と思っている人が黒島の集落の民家を見ると「人が住んでいない」「廃墟だ」と思う。しかし覚えていてほしい。この黒島の民家こそ、オリジナルの沖縄なのである。

　ただし、そんな黒島にも一軒だけ、島の空気を読めないツーバイフォーの家が建っている。あまり大きな声で言いたくないが、それは僕の友達の家である。

しま宿 南来《なんくる》

黒島の僕の常宿には温かい人ばかり

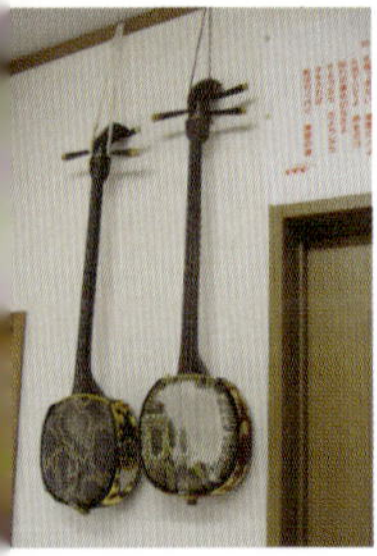

黒島は本当に気に入っていて、僕は何回も行っている。

それで、僕に気を使ってくれるのか、サインを頼んだり、写真を撮ろうとしないようにしてくれる。島の友達が、「紳助さんはこの島に休みに来ているんだからそっとしておいてあげよう」とそれとなく島の人たちに言ってくれているようなのだ。

そして島のみんなが僕を本名の「長谷川さん」と呼んでくれる。

そんな黒島の常宿がここである。

黒島港から近く、まだ新しくてきれいで食事もうまい。夜な夜な泡盛と三線で盛り上がり、そこではいつも、島の温かい人たちが囲んでくれる。

こんな宿があるから、沖縄の旅はやめられないのだ。

セルフの店 南見屋《パイミヤ》

人がいないときはセルフの店。島ならではの雑貨店

全国どこでも無人の野菜販売は珍しくないが、黒島には無人販売の雑貨店がある。

カップラーメンやジュース、ビールが置いてあり、その横に「料金は缶に入れてください」と書いてある。さらにその横には「おつりもセルフでお願いします」と小銭までが置かれている。

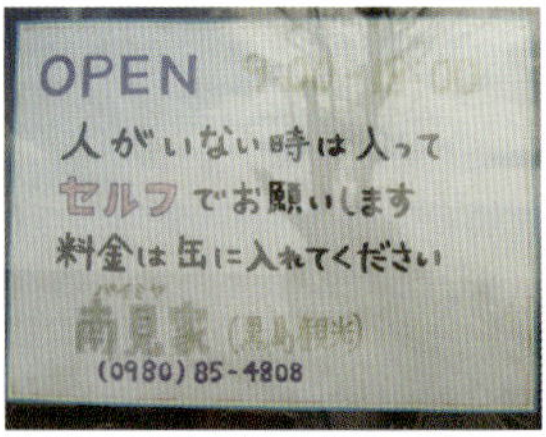

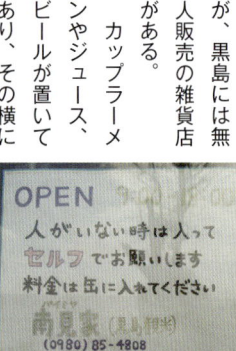

店は人の少ない場所にあるが、万が一見た人に盗んだと思われるのはイヤなので、モノを買う時は必ず「300円入れよ～っと」と大きな声で言うように！

僕もこの女性が2人いたから大きい声でお金を入れました。

味処 はとみ

お昼の定食がオススメです

黒島にある数少ない食事処。

　ここはメニューが豊富で味もバツグン！　若い連中と黒島に来ると必ずこの店に行く。なぜなら、一品一品ボリュームがすごいからだ。しかも安い。ゴーヤ、ソーメンなど各種のチャンプル定食からしょうが焼き定食まで、どれもイケるので黒島好きの僕は重宝している。

　庭には捕まえたヤギが何匹か飼われていてかわいいですよ‼　店内のカベには「ヤギさし500円」。

【味処　はとみ】
所在地　八重山郡竹富町黒島1818
電話　0980（85）4265
営業時間　11時～14時30分
18時～24時
定休日　なし

MAP▼P.119-㉓

うんどうや

黒島に来たなら、一度体験してほしい

八重山地方には、ヤシガニそばというメニューがある。

　ヤシガニは、南の地方にしか生息しないカニ（正確にはカニではなくヤドカリの仲間）だが、このちょっとグロいともいえるカニをそばの具にしてしまうところがなんとも南の島らしい。

　黒島でこの珍しいそばを食べさせてくれるのが『うんどうや』。味もナカナカだが、おもしろいのは、そばの上にどーんと乗っかった巨大なヤシガニの姿。それだけで笑いと感動が得られるので、黒島では必ずこれを食べること。ただし、必ず予約を入れること。

【うんどうや】
所在地　八重山郡竹富町黒島1552
電話　0980（85）4308
営業時間　11時30分～14時　18時30分～22時　※7～9月は14時～18時30分も営業
定休日　第1・3火曜（12～3月のみ）

MAP▼P.119-㉓

最近値段が上がったそうです。グロテスクヤシガニが風呂に入っているみたいに出てきます。これがうまいんですよ。

小さな故郷 黒島

黒島は私にとって小さな故郷なんです。
いつも優しく迎えてくれるし、行くとびっくりすることもなく、島田紳助を本名の長谷川公彦で迎えてくれます。写真も撮らないし、サインも求めない。ゆっくりさせてやろうという優しさをいっぱい感じる。

友人の下地くんは牧場をやっていて、私は心の病気のときその牧場で働いたりもした。私の大切な友人です。彼は島で一番顔がデカイ（写真右上のハチマキの彼）。隣に写っている奥様と比べてみて下さい。

２００人余りの島民は、一人一人がまるで映画の俳優のように個性のかたまりです。

郵便配達のけいちゃんは、いつも笑い袋のような笑い方で赤いバイクを蛇行させながら走っています。

民宿「はとみ」のオーナーは、２０００年前の衣笠祥雄と私たちは陰で呼んでいる人です。

この島に私が日本一と思う三線《サンシン》の名人がいます。素晴らしい声です。泣けます。感動します。でも顔とまったく違い、すごいシャイなんです。顔はビニールシートが似合う顔、いやビニールシートしか似合わない顔なんですが、ひとたび酒を飲み、歌い出すと涙ウルウルです。でも歌ってと言うと絶対に歌いません。飲ませて知らん顔してると必ず歌い出します。運が良ければ会えますよ。月に20日はどこかで飲んでいるはず。私はサンシン名人と呼んでいます。

黒島行

西表島

体力勝負で冒険するなら
日本の大秘境・西表島へ

※西表島へのアクセス
石垣島離島桟橋から船で約40分。
島内移動はレンタカーがオススメ。

ONE POINT
最後の楽園といわれる陸の孤島・舟浮を歩くのもオススメ

西表島は冒険に向いている。

なぜなら、ここは日本の大秘境だからだ。石垣島の離島の中で、西表島だけは亜熱帯の深いジャングルに覆われており、「東洋のガラパゴス」と呼ばれる。まさに大自然の宝庫なのである。

当然、移動が多くて忙しい。カヌーや山歩き、トレッキングはあまり女の子には向かないかもしれない。

だから、ここはカップルで行くことはあまりオススメしない。どちらかというと、男同士で自然を楽しむところである。マングローブの中でカヌーを漕ぎ、滝のたもとまで歩く。激しい水のしぶきを体感し、広大で深い緑や、鳥や動物たちの気配を存分に味わう。ぜひとも、緑の奥深くに冒険をしてほしい。

もしカップルで行くのなら、観光地として開けているところがいいので、そこのポイントもいくつか紹介した。川を遊覧船でクルーズするツアーなどでも、充分自然は堪能できる。

A 由布島の水牛車
所在地:八重山郡竹富町古見689
電話:0980-85-5470
料金:1300円
営業時間:9:00 ~ 17:00
定休日:なし

B 浦内川観光
所在地:八重山郡竹富町上原870-3
電話:0980-85-6154
料金:遊覧船 1500円　マリユドゥの滝と浦内川カヌー下り 8400円
営業時間:8:30 ~ 16:30
定休日:なし

由《ゆ》布《ぶ》島

あまりに有名すぎて、まるで牛車のレースになっている観光コース

西表島で船を降りると、でっかい観光バスがたくさん並んでいる。まるで京都のお寺の駐車場だ。昔はそんなことはなかったが、いまは完全に観光地化されている。

20年前はのどかでした～。

　そこで観光と言ったら由布島。西表島の東部にある小さな島で、浅瀬を４００メートルほど水牛車に乗って渡る。

　テレビのＣＭでも流れた有名な観光コースなのだが、これがまるで牛車のレース。牛車が20台くらいあって、流れ作業のように、来たら乗せて出発、というのを繰り返しているのである。

　物見遊山で一度は行ってみるのもいいが、思ったほど情緒があるものではない。

浦内川でカヌーを漕ぐ

とても日本とは思えない風景を、カヌーを漕いで進む。そんなロマンを味わおう

西表島の北西部を流れる浦内川の川岸はマングローブで覆いつくされている。カップルで行くなら、「浦内川観光」の遊覧船に乗って川からマングローブを眺めるのがオススメである。

　男同士なら、カヌーで川を漕いでいくエコツアーがおもしろい。もちろん、女の子も行けないことはない。

　木々のあいだをカヌーで進んでいくと、なんにも音がしない。遠くからかすかに鳥の鳴き声だけがする。河口から上がっていくにつれ、川幅もだんだん狭くなっていく。

　とても日本とは思えない風景の中を自分の力だけで進んでいくことをロマンと言わずに何がロマンだろうか。

カヤックは必ず体験して下さい。音のない世界はいろんなことを考える時間をくれます。

※波照間島へのアクセス
石垣島離島桟橋から船で約60分。
石垣空港から飛行機で25分(一日一便)。
島内に路線バスはない。宿泊者は無料で迎えにきてくれるので、それを利用すること。

波照間島

バックパッカーを試してみるなら、志を持って波照間島へ

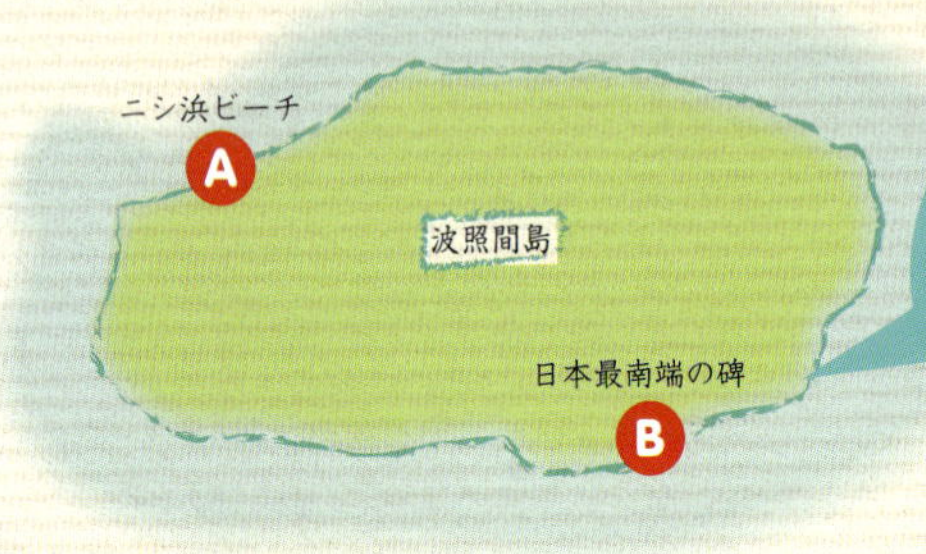

ONE POINT
「高那崎・星空観測タワー」日本で南十字星を観測できる数少ない島。肉眼でいろんな星を見よう!

A ニシ浜ビーチ
透明度が高い遠浅のビーチでマリンブルーが美しい。夕日のスポットとしても有名。

B 日本最南端の碑
島の南部の高那崎に立つ石碑。入り口から蛇の道をしばらく歩くと石碑に辿り着く。港から車で15分。

沖縄でバックパッカーが行くところといえば、やはり有人の島で日本最南端の波照間島である。ここは、一人旅で、どうしても友達がほしいのなら行くべき場所である。

泊まるのはもちろん民宿。そこではいろんな人に出会える。ただ、民宿によってはそれなりの覚悟が必要だ。ちょっと極端な、変わった宿泊客が多いところもある。

沖縄のような南の島には、都会の現実に対応できなくて逃げ込んで来ている人が多い。そんな人が自分の居場所として、南の島の小さなコミュニティを選ぶのだ。そこで自分が中心になれるような場所である。多くの民宿は、そんな常連たちが、馴れ合うための場所になってしまっている。

ここに行くのは冒険だ。だが人間というものを知るにはいい修行になる。

そういう大きな覚悟と思いがないと、波照間島の民宿には泊まってはならないのである。

波照間港のそば

旅客ターミナルの小さな食堂のそばが絶品！

波照間で印象深い食べ物は、波照間港の旅客ターミナルにある小さな食堂『海畑《イーノー》』のソーキそば。

沖縄ではどこに行ってもソーキそばはあって、どの店も味が違うのだが、ここのソーキそばはダシが非常に濃くておいしい！　ネギがたっぷりで、しょうゆ味のラーメンを食べているような感覚。島に着いたら一番に立ち寄ってほしい。

またここでは、幻の酒と言われる「泡波」も一杯売りで飲める。さらに7月から9月の季節限定だが、ヤシガニそばも食べることができる。

【海畑《イーノー》】
所在地　八重山郡竹富町波照間
波照間港旅客ターミナル内
電話　0980（85）8325
営業時間　8時〜17時30分
定休日　月曜

MAP▶P.119-㉔

オオゴマダラ

波照間で一瞬見かけたオオゴマダラよ、もう一度！

沖縄には「オオゴマダラ」という蝶がいる。真っ白くて大きな蝶である。沖縄に行くと、いつもカメラ片手に探すのがこの蝶である。

いままで実際に見たのはたった一度だけ。それは波照間島を車でドライブ中、道を間違えてしまって引き返そうとUターンした瞬間、フロントガラスの間近を大きな白い蝶が横切ったのだ。

思わず「オオゴマダラや！」と車の中で絶叫した。でも写真を撮る前にその姿はすでに見えなくなっていた。

さらにオオゴマダラは、成虫よりもサナギのほうがもっと珍しい。それは金色をしている。

「金色っぽい」とかじゃなく、本物の「金色」。金閣寺や金の鯱ぐらいの金色なのである。

実際に遭遇したら感動すること間違いなし！

民宿

すべった沖縄旅行は すべて民宿に原因があった!?

波照間・ゲストハウスNAMIにて。この日の朝食は100円のパンとバナナ1本。朝は売店が閉まっているので、前日に買っておくこと。右はホームレスに見えますが高校の同級生で伝統工芸師の堤くん。彼も沖縄マニア。

波照間島には、ほとんど伝説になっている民宿がある。

そこは、バックパッカーの常連客が仕切っていることが多く、夕食時には全員で自己紹介。その宿に「何回泊まったか」をみんな自慢し合う。

朝からステーキ。さばを焼いてくれ〜。

食事はお世辞にもおいしいとはいえず、民宿の人は常連客とは馴れ合うが、お客に対して平等なサービスをしようという気持ちはあまりない。

とまあ、そんな民宿は極端としても、沖縄の離島では泊まる民宿の当たり外れで旅の満足度が大きく変わるものだ。

部屋が臭かったり、シャワーが壊れていたり……。また、他に泊まっているお客と夜飲むことも多く、それが楽しければいいが、相手によってはわずらわしいことも多い。

離島の旅は、民宿を選ぶときに決まるもの。すべったときはだいたい民宿に原因があると思う。

友達の松本くん。浴槽が小さすぎて洗濯機に入っていると思った。

沖縄に持っていくもの・離島編

民宿にはファブリーズ、船には酔い止め薬が必需品なのだ

沖縄の民宿の部屋は、なぜか変わった匂いがするところが多い。油断して何も準備しないで行くと、どうしようもなく臭くて眠れないこともある。

そこで必要なのがファブリーズ。特に、離島にバックパッカーの旅をするときは必需品だ。高級ホテルならともかく、初めて行くリーズナブルなホテルや民宿にはぜひとも持っていくのをオススメする。掃除が行き届いていない民宿など当たり前なのだ。

だから「怪しい」と思ったらファブリーズ。沖縄の離島旅行者にとって必須のアイテムである。

もうひとつの必需品は、酔い止め薬。石垣島から波照間島までは船で約60分かかる。黒島の友人には、「石垣島から黒島や竹富島に行くのは問題ないが、波照間島に行くときは、黒島を越えたところから外洋に出るから急に波が高くなり大変ですよ！」と警告された。

離島桟橋でチケットを買う際に案内のお姉さんに聞いても「覚悟して下さい」と一言……。

そこで、用意していった酔い止めを飲んでおき、船に乗ること20分。黒島を越えた辺りから確かに波の高さや船の揺れが変わった。

それもひどい縦揺れである。地元のおじさんでも、顔が青ざめていくのがわかる。

しかし、我々はまったく大丈夫だった。どれくらい薬が効いたのかはわからないが、酔い止め薬は間違いなく離島の旅の必需品です。

海人工房 石垣本店

海人《うみんちゅ》Tシャツが全国的に有名なブランドTシャツショップの本店。ここでしか買えないオリジナル商品やシーズンごとの限定品が手に入る。離島桟橋のそば。

所在地　石垣市美崎町4
電話　0980(83)7878
営業時間　10時～20時
定休日　なし

太田民芸

手書きイラストのオリジナルTシャツが大人気の、石垣島では定番の民芸店。一番人気の「大型台風」Tシャツの他、「泡盛ボトル」「サンゴ」「シーサー」Tシャツが人気。

所在地　石垣市美崎町8の4
電話　0980(82)3626
営業時間　10時～21時(夏季)　10時～20時(冬季)
定休日　日

やちむん館

八重山の陶器や伝統的な民具が揃う老舗のショップ。芭蕉布の携帯ストラップやあだんの葉から作られた草履など、すべて手作りの素朴な小物はおみやげにピッタリ。

所在地　石垣市大川219
電話　0980(83)2536
営業時間　10時～
定休日　不定休

明石食堂

石垣島の北部、市街から車で約40分のところにあるそば店。トロトロに煮込んだソーキをのせたソーキそばが絶品。昼時には遠くからの客でいつも行列ができている。

所在地　石垣市伊原間360
電話　0980(89)2447
営業時間　11時～15時　18時～21時
定休日　月・火

森の賢者

居酒屋

島の素材をふんだんに使った料理がおいしいスローフード居酒屋。島野菜の天ぷらや近海魚のカルパッチョがオススメ。全国から取り寄せた日本酒、焼酎なども楽しめる。

所在地　石垣市新川49の2
電話　0980(83)5609
営業時間　18時〜23時
定休日　不定休

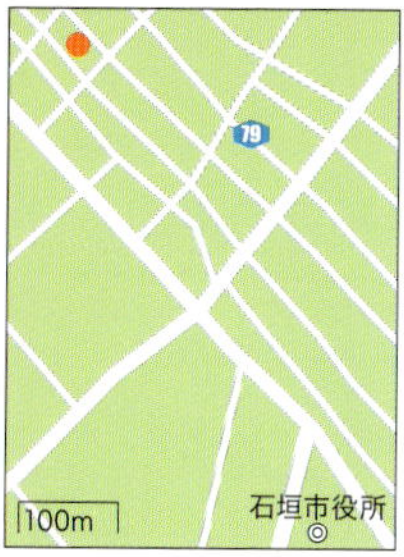

パパ・ビゴーチ

居酒屋

ボサノバやサンバ、ショーロなど、ブラジル音楽を聴きながらお酒と料理を楽しめる店。料理はブラジル風から和食やうどんまで取り揃えている。不定期のライブもあり。

所在地　石垣市大川16の2
電話　0980(88)6502
営業時間　11時30分〜15時　18時〜24時
定休日　木

高嶺酒造所

泡盛

「於茂登」で知られる、川平湾近くの泡盛メーカー。泡盛の記念ボトルのキープができ、数年後に古酒を味わえる。作曲家の故・浜口庫之助氏のボトルがあることでも有名。

所在地　石垣市川平930の2
電話　0980(88)2201
営業時間　9時〜18時
定休日　なし

ハートらんど

カフェ

黒島港のすぐそばにあるカフェ。昼間は、船を待つあいだ海を見ながらのんびりとした時間を過ごせるカフェ、夜は島の人たちが集まる居酒屋になる。大きな牛の像が目印。

所在地　八重山郡竹富町黒島466
電話　0980(85)4007
営業時間　11時〜24時
定休日　不定休

一人で南の小さな島を歩く。心をまっさらにして日常の自分を見つめ直す……。一人旅にはそんなイメージがある。

だが、実は一人旅とはそんなものではない。その証拠に、一人で普通のホテルに泊まったら寂しくて二日といられたものではない。だからみんな民宿に泊まるのである。沖縄では、どの民宿にも喋ってくれる人がいる。

一人旅といいながら、実は一人が寂しくて誰かを求めて行ってるのである。

沖縄には、20代前半の若い子の一人旅と、30代半ばを過ぎて、どこか人生を逃避しているかのような一人旅がある。

若い子の一人旅はたいへんいいものである。島で会う旅人でも、若いバックパッカーは気持ちがよく、いい旅をしているなあ、と感心すらするほどだ。

たとえば、「いまから波照間の製糖工場で三

Column 7

一人旅は若いマシンのセッティング、中古マシンのメンテナンスの場ではない

月まで働きます」といった子や、島々の写真を撮り回っているという子に会ったことがある。彼らはみんな20歳くらい。別に目的があって沖縄にいるわけではないのだろうけど、それはいいことだと思う。なぜなら、まだ20歳だから。その年齢であれば、何も焦って生きる必要はない。

若いうちは、その年代のときに経験するひとつひとつのことが、焦って見つけた結論よりも大事なことがあるのだ。まだ若くて、夢の種をたくさん持っている期間であれば、一人であてのない旅をするのも大事なことだ。何も学校を出てすぐに人生の勝負をスタートさせる必要はない。

人生はレースに似ている。実際にレースを走り始める前に、自分のマシンである身体と精神をきちんとセッティングして戦闘能力を高めるのは大事なことだと思う。スタートが多少遅れ

てもいい。せめて20代半ばくらいでスタートできれば、それでいいのである。

　しかしながら、いざレースが始まり、一度走り始めたら、立ち止まってはいけない。

　それを忘れてしまったように、沖縄にはどこか人生を捨てているような一人旅をしている人も多い。30代半ばから40歳くらいで三線を持ってあちこち歩き回っている旅人である。

　あるとき、35歳でバックパッカーをやっている人に出会った。沖縄の離島をずっと回っていると言う。

「仕事は？」

　と聞いたら、

「去年の9月に一段落つけてきました」

　思わず、「35歳で一段落つけてる場合ちゃうやろ！」と突っ込みたくなった。

　彼の名刺を見ると、住所ではなく〝出没先〟と書かれていた。そこには「波照間の○○　与那国の××」とディープだといわれている民宿の名前が。そんなところには間違っても行きたくもないし、〝出没〟しているようなヤツには会いたくもない。「痛いヤツやなぁ」と強く感じながら逃げるように別れたものだ。

　こういうヤツは八重山の離島で会うことが多い。都会で負け組になったから離島に逃げ込む。一種の世捨て人なのである。

　だが、30代はレースの真っ最中だ。ともかく夢中で働くとき。ちょっとピットインしたり、チャージするならいいのだが、止まりっぱなしでメンテナンスをしている場合では、決してないのだ。

　沖縄は元気をもらう場所である。元気をもらって、

「よし、明日からまた頑張るぞ！」

　と自分の帰る場所にきちんと帰るのが、沖縄との正しいつきあい方だと思う。

Column 8

「TOMURU」だからこそ、ファンと出会える

石垣島に作った僕の喫茶店「TOMURU」のテーブルには、来てくれたお客さんが自由に書き込んでもらえるように、ノートが置いてある。

そこには、いろんなことが書かれている。あの店に来る人は僕のファンであることが多いのだろう。ひょっとしたら僕が読むかもしれないと思って書いてくれているのかもしれない。僕はあのノートを読むたびに、本当に元気をもらって、心からしみじみと幸せな気分になっている。

たとえば、

「紳助さんには、いつも元気をもらっています」

こんなふうに書かれている言葉が僕に元気をくれる。

男の子が書いてくれる、

「紳助さんに憧れています」

「紳助さんみたいな生き方がしたい。それを決意するためにここに来ました」

こんな言葉を見るたびに、僕がやってきたこと、言ってきたことは間違いではなかった、と少し勇気と自信をもらえる。

カップルが書いてくれた、

「新婚旅行で前から来たいと思ってました」

こんな言葉には少し照れくささささえ感じる。

いまの僕はテレビにしか出ていないから、一般の人とはほとんど出会うことがない。昔、ラジオ番組をやっていた頃は、リスナーたちのこんな〝生の声〟〝生の反応〟が毎週山のように来ていたものだ。僕もそれに応えるように、マイクの前でいろいろ熱く語った。

特にKBS京都でやっていた「ハイヤングKYOTO土曜」は一番大きな思い出である。

いまでもまれに、その番組のリスナーだったと言われると、急にものすごい仲間意識を持って

しまう。リスナーとの間に不思議な特別感を覚えてしまうのだ。

あの頃の僕は、自分で考えても熱かったと思う。自分には大きな夢があり、それを一生懸命リスナーに伝えようとしていた。

当時はお金もなく、成功もしていない。これからどうなってしまうのかさえわからない。年齢こそ20代後半になっていたが、漫才ブームも終わっていた頃だ。

「おれはどうなるかわからん。でもおれはこう生きたい！　こうしたい。こんなふうに生きるんや！」

ということを熱く語った。できるかどうかわからないことばかり。でも自分がこう思っている、こんな夢を持っているということを、リスナーに同じ目線で伝えたかったのだ。

「TOMURU」のノートはそんなことも思い出させてくれる。ノートに書かれている、一般

TOMURUのテラスでノートに返事を書いている僕。

の人たちの〝生の声〟を読み、知ることによって、僕自身が立っている場所や過ごしてきた時間を再確認できるのだ。

「中学のときからファンです」

と書いてあったら、

「あっ、自分にはファンがいるんや」

と実感できる。テレビだけでは、得体の知れないというか、いるかどうか不安になるファンの存在そのものがはっきりと見えてくる気がするのである。

店にノートを置いたのは、特にそのようなことを狙ったわけではなかったが、結果的にそんな喜びが生まれた。

だからこそ、次に彼らが来てくれたときのために、よく返事を書いている。僕がもらった元気や勇気を少しでもお返ししたいから……。いつかまたあの店に行って読んでくれると嬉しいのだが。

おわりに

「なんくるないさ」の深い意味

自分がへこんだときに、小さな島に行って癒されるのが旅の醍醐味だと思っている人は意外に多い。小さな島で素朴な人たちと触れ合うとそんな気がするような錯覚を抱いてしまうのだろう。それはそれでいい、と思う。だが、そこで「小さな島にいる人は、みんな何も考えないで、気楽そうでいいなあ」と癒されるのは大きな勘違いである。

確かに一見、牛だけ追ってのんびり暮らしているようには見えるかもしれないが、そんな人たちにも当然のように日常があり、生活がある。島の人も、街の人間と同じ悩みや痛みを持っているはずなのだ。それなのに、見た目だけで「気楽だなあ」と思うのは失礼というものだ。

牛を飼っている人も、都会のサラリーマンも、実際に抱えている悩みや痛みは、そうそう変わるものではない。誰もがその人なりの経済活動を真剣にやっているのだ。仮にのんびり見えたとしても、借金をして精一杯生きている人ばかりなのである。

沖縄に「なんくるないさ」という言葉がある。いまではずいぶんと多く

東平安名崎（宮古島）で写真を撮る私。さらにそれを撮るマニアな友達。

の人がこの言葉を知るようになっていると思う。そう、これは「なんとかなるさ」という意味だ。だがこの言葉は、沖縄で使っている人たちが、お気楽に使っている言葉では決してないことを、知っておかなければならない。

沖縄の人が「なんくるないさ」という言葉を使うのはこんなときだ。悩んで、苦しんで、闘って、でもどうにもならない。そんな最後の壁まで悩み続けていった最後の最後に、自分の心の中で「なんくるないさ」という言葉を使うのだ。あまりにも辛すぎる状況だからこそ、言葉だけでも「居直り」を宣言して明るく生きていこうとする、とても美しく深い意味を持つ言葉なのである。

それを、言葉の単純な意味だけを捉えて勘違いしてしまうと、南の島ではいつでも「なんとかなるわ」とお気楽に生きればいいと思ってしまう。そんな場所が世の中にあるはずがない。言葉が持っている意味を勝手に解釈して、その結果として癒されるのは自由だが、それは大きな間違いだ。

沖縄の人もみんな真剣に生きている。癒されるのはいいことだが、そこははき違えないでいてほしいと思う。

この本は、できるだけ沖縄の初心者向け、特に若い人向けに僕の知っている沖縄を知ってほしいと思い、長年の思いを込めて書いたものだ。

若い人にもっと沖縄を知ってほしい、好きになってほしいという思いはもちろんだが、それよりも若い人には旅上手になってほしい、と願っている。

旅といっても大げさなものではない。

人と一緒に行動すること。いろんな努力をして楽しい時間を過ごそうとすること。見知らぬ土地で人と出会うこと。それらすべてが旅の醍醐味である。

いま、若い人たちはそういったことがすごく下手になっていると思う。南の島の民宿で馴れ合うことが人間関係を作ることだと勘違いしている若い人も多い。

上手に楽しく旅をできる人は、人生もなんとかなる。だから最初は猿真《さるま》似《ね》でもいい。この本を読んで、僕の勧める旅を味わってみてほしい。

そして旅上手になって、少しでも人生の風通しをよくしてほしいと思っている。

TOMURUのテラス。残念ながら
２００６年の台風がこのテラスを
飛ばし、今はありません。

MAP-❶

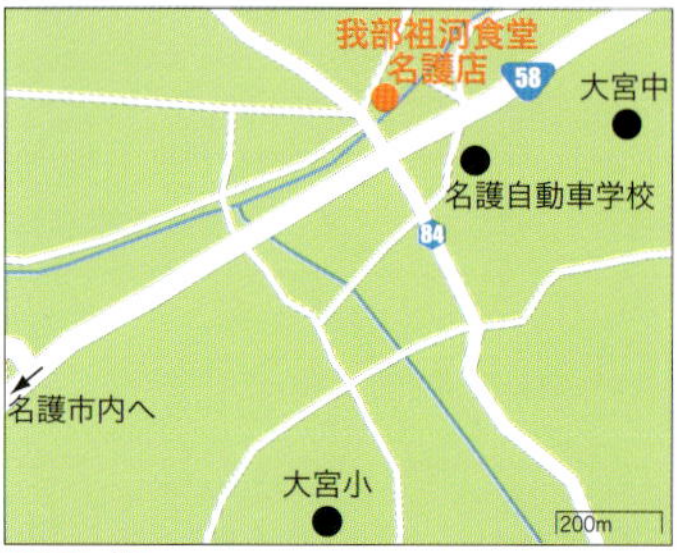

MAP-❸

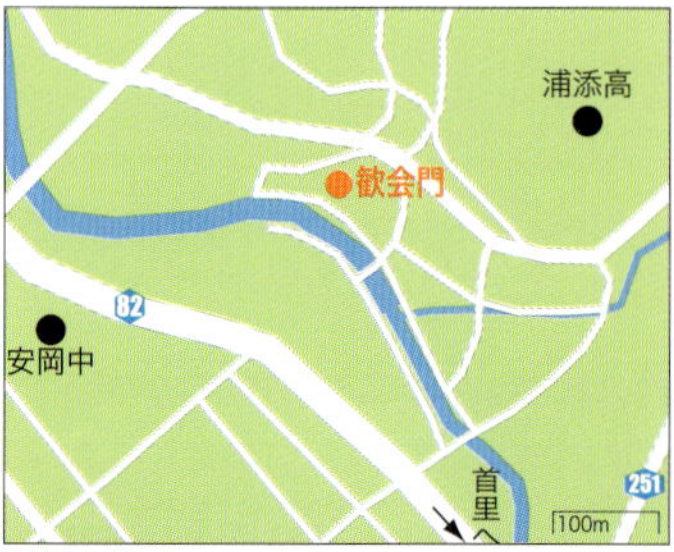

MAP-❷

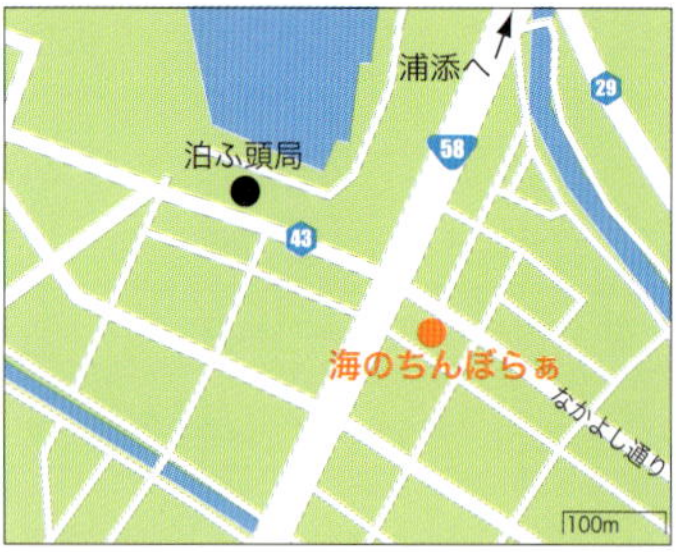

MAP-❺

MAP-❹

MAP-❻

MAP-❼

MAP-❽

MAP-❾

MAP-❿

MAP-⓫

MAP-⓬

MAP-⓭

MAP-⓮

宮古島
平良西里局
宮古島
市役所
那覇地方
裁判所
243
ファミリーマート
78
うなぎ料理
しきしま
190
ホワイト
歯科医院
居食屋 うみんちゅ
100m

MAP-⑮

83
クマザ農園
246
200m

MAP-⑰

宮古空港
レストラン
ぱいぱいのむら
190
390
500m

MAP-⑯

多良間島
233
夢パティオ
たらま
豊見城商店
郷土マリンサービス
JAWS II
村役場
多良間
幼稚園
200m

MAP-⑱

石垣島
石垣市役所
焼肉金城 石垣島
美崎店
竹富町役場
焼肉金城 石垣島 浜崎店
100m

MAP-⑲

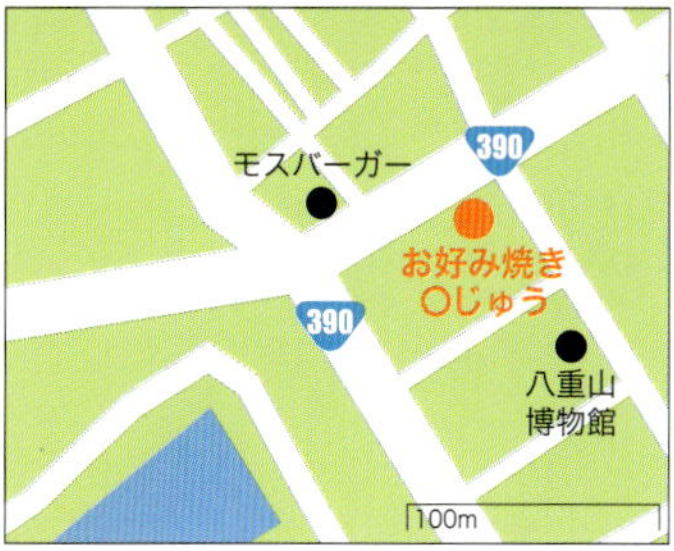

MAP-㉑

MAP-⑳

MAP-㉒

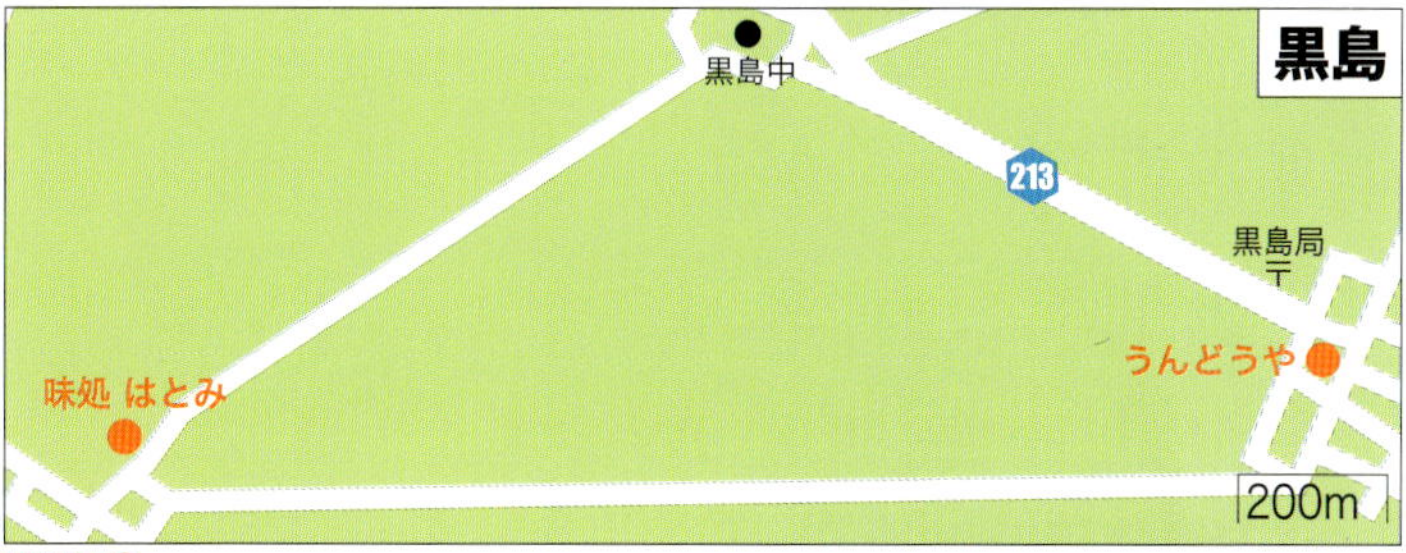

MAP-㉓

MAP-㉔

〈著者紹介〉
島田紳助　1956年、京都府生まれ。夫人と三人の娘の五人家族。吉本興業所属。「行列のできる法律相談所」「クイズ！ ヘキサゴンⅡ」をはじめ多数のレギュラー番組を持つ日本を代表する司会者。著書に『哲学』『天下の廻りモノ　オカネの正体』（ともに幻冬舎文庫）、『ご飯を大盛りにするオバチャンの店は必ず繁盛する』（幻冬舎新書）などがあり、共著に『ニッポンを繁盛させる方法』がある。

構　　成　板倉義和
編集協力　上杉康司
D T P　中村文(tt-office)
装　　幀　米谷テツヤ

写　　真　島田紳助
　　　　　上杉康司
写真提供　下岸稔(P.57グリーンフラッシュ)
　　　　　ザ・ブセナテラス(P.36)
　　　　　宮古島東急リゾート(P.56下)
　　　　　ヴィラブリゾート(P.63)
　　　　　ダイコー（P.58東平安名崎・岬）
　　　　　亜熱帯植物楽園(P.101牛車)
　　　　　浦内川観光(P.101浦内川カヌー下り)

島田紳助のすべらない沖縄旅行ガイドブック

2008年3月10日　第1刷発行

著　者　島田紳助
発行者　見城　徹

発行所　株式会社 幻冬舎
〒151-0051 東京都渋谷区千駄ヶ谷4-9-7

電話:03-5411-6211（編集）　03-5411-6222（営業）
振替:00120-8-767643
印刷・製本所:図書印刷株式会社

検印廃止

ISBN978-4-344-01467-1　C0095
幻冬舎ホームページアドレス http://www.gentosha.co.jp/

この本に関するご意見・ご感想をメールでお寄せいただく場合は、comment@gentosha.co.jpまで。